JN429679

서울대학교 관악초청강연

신영훈

한국의 살림집 한옥

서울대학교
관악초청강연

한국의 살림집 한옥

신영훈

서울대학교출판문화원

● 대화의 장을 열며

대학을 졸업하고 수십 년이 지난 지금 돌이켜보니 세상이 조금씩 좋아지고 있다는 걸 느끼긴 하겠는데 우리가 원하는 만큼 그렇게 빨리 좋아지는 것 같지는 않습니다. 처음엔 눈앞에 보이는 저 봉우리만 올라가면 될 줄 알았는데 가보니 그 너머에 더 큰 봉우리가 있더군요. 삶의 길도 그렇고 역사도 그렇다고 생각합니다. 작은 산봉우리에 올라서기만 해도 세상이 발아래로 보이고 더 높은 봉우리로 가는 길이 너무나 뚜렷이 보이는데, 막상 가보면 낭떠러지가 길을 막고 숲이 길을 잃게 합니다.

"공부는 잘하는데……"라는 오해 아닌 오해를 받고 있는 우리 학생들이 학교라는 작은 봉우리에서 좀 더 넓은 세상으로 가는 길을 만나게 하려, 학교의 지식이 아닌 삶의 지혜를 얻을 수 있도록 마련한 〈관악초청강연〉이 어언 50회를 바라보게 되었습니다. 여기서 우리는 많은 분들과 만나고 많은 걸 배웠습니다. 많은 교수님들이 〈관악초청강연〉을 꾸려 나가기 위한 위원회에 참석하시어 좋은 의견과 더불어 우리 학생들이 꼭 만나야 할 좋은 분들을 추천해 주셨기에 가능한 일이었습니다. 여기 오신 모든 분들은 삶의 길을 스스로 열어 나갔을 뿐 아니라 우리가 함께 가야 할 길을 보여 주신 분들이었습니다. 이분들이 새로운 길을 열고자 하면서 겪은 성공과 좌절, 열정과 노력은 교실에서는 접하기 어려운 생생한 체험으로 다가왔고 참여한 학생뿐 아니라 교수들에게도 깊은 감동을 주었습니다. 한 차례의 강연으로 흘려 버리기엔 이 감동이 너무 아까워 책으로 내기로 했고 이미 여러 권이 출간되었습니다.

출판을 시작할 때 이미 많이 알려진 이야기이고 책으로 출간된 경우도 있는데 굳이 또 책으로 펴낼 필요가 있겠느냐는 지적도 있었습니다. 사실 강연 자체만 놓고 보면 그렇습니다. 그렇지만 강연회엔 강연만 있는 게 아니었습니다. 대화가 있었습니다. 사회자의 소개에서부터 강연, 그 뒤로 패널로 참여한 교수님들의 질의와 보충 설명, 강연회에 참여한 학생들의 진지한 반응이 거의 두 시간에 걸쳐 이어졌습니다. 이 생생한 대화의 장을 그냥 흘려 버리기에는 너무 아까웠습니다. 사실 강연을 해주신 분인들 어디서 이렇게 좋은 패널과 진지한 청중을 만나 진솔하게 대화를 나눌 기회가 있었겠습니까. 이 책을 출간하면서 이 시대를 살아가는 젊은이들에게 정말 보여 주고 싶은 건 바로 이런 대화의 모습이었습니다. 이 대화의 장을 통해 길이 너무 많아 길을 찾기 어려운 이 시대의 젊은이들이 자신과 이웃의 삶에 대해, 그리고 세상과 역사에 대해 다시 한 번 생각할 기회를 갖게 되기를 바랄 뿐입니다.

끝으로 이 책이 나오도록 애써 주신 분들께 감사의 말씀을 드려야겠습니다. 먼저 관악초청강연 운영위원회의 위원장을 맡아 좋은 강연회를 기획하신 곽수근 선생님을 비롯한 위원 여러분, 패널로 참여하여 진지하게 토론해 주신 교수님들께 감사드립니다. 그리고 아무리 좋은 강연이라도 강연과 토론을 책으로 만드는 일은 대단히 귀찮고 어려운 일입니다. 더구나 생생한 대화의 현장감을 살리기란 아주 어렵습니다. 이 모든 일을 도맡아 꼼꼼하게 살펴주신 백미숙 선생님과 출판을 맡아 주신 서울대학교출판문화원에도 감사드립니다.

허남진

서울대학교 기초교육원장

● 차 례

대화의 장을 열며 4

제1부 : 강연 9

제2부 : 패널 질문과 토론 69

제1부 : 강연

● 이우일(사회자): 안녕하세요? 관악초청강연*에 와주신 여러 분들께 감사드립니다. 저는 강연의 사회를 맡은 서울대학교 공과대학 기계항공공학부 이우일입니다. 오늘 강연의 주제가 '한국의 전통 건축과 전통 문화'인데 왜 기계항공공학부 교수가 사회를 보는지 의아하게 생각하는 분들이 계실지도 모르겠습니다. 사회는 문외한이 하고 토론은 전문가가 하는 것이 오늘 강연의 아이디어인 것 같습니다. 관악초청강연은 연사님의 강연을 듣고, 세 분의 패널이 질문과 소견을 말씀하시는 시간을 가진 다음에 청중과 대화하는 순서로 진행됩니다.

저의 일차적인 임무는 연사와 패널을 잘 소개해 드리는 것입니다. 먼저 패널을 간략하게 소개한 후에 연사를 소개하겠습니다. 패널로는 세 분이 수고해 주시는데 가나다순으로 소개해 드리겠습니다. 먼저 김인걸 선생님은 서울대학교 인문대학 국사학과에 재직하고 계십니다. 전공은 한국 근

* 이 책의 내용은 2009년 10월 강연을 바탕으로 정리되었다.

세사로, 널리 알려진 학자이십니다. 여러 편의 논문을 발표하셨는데, 최근 논문으로는 「조선후기의 여론과 정치: '공론정치'의 지속과 단절」, 「고문서를 이용한 '15세기 사회상' 추구」 등이 있습니다.

두 번째 패널은 전봉희 선생님이십니다. 서울대학교 공과대학 건축학과에 재직하고 계시고, 한국 건축사가 주 연구 분야입니다. '한옥 짓기 실습수업'을 통해 오늘 강연자이신 신영훈 선생님을 모시고 학생들과 함께 서울대학교 캠퍼스에 직접 한옥을 지었습니다.

세 번째 패널은 피터 바돌로뮤Peter Batholomew 선생님이십니다. 이분은 우리나라에 40년 넘게 살고 계시며, 영국 왕립아시아학회 한국지부 회장과 IRC 리미티드 부사장을 맡고 계십니다. 신문에 소개된 적도 있는데요, 35년째 한옥에 거주하고 있는 한옥 전문가이기도 하고, 성북구에서 한옥마을을 모두 철거하는 재개발사업 계획에 반대하는 소송을 제기하여 한옥을 지켜낸, 어떻게 보면 우리보다 더 한옥에 애정을 가지고 계신 분입니다. 이 세 분을 모시고 토론을 진행할 예정입니다.

마지막으로, 강연을 맡아 주실 신영훈申榮勳 선생님을 소개하겠습니다. 일단 박수 한번 부탁드립니다. 한국의 대표적인 한옥 건축가인 신영훈 선생님은 1935년 개성에서 출생하셨습니다. 자료를 조사하면서 선생께서 우리 전통 문화를 선택하신 건 운명적이라는 생각이 들었습니다. 중앙고등학교를 다니셨는데, 그곳에는 주시경周時經 선생님의 아드님인 주왕산周王山 선생께서 국어 교사로 계셨고, 그분의 영향으로 우리 것에 관심을 많이 갖게 되셨다고 합니다. 그 후 전쟁이 끝나고 국립박물관* 보수과에서 조수로 근무하면서, 당시 박물관장이셨던 최순우崔淳雨 선생과 박물관에 자주 드나드시던 간송澗松 전형필全鎣弼 선생께 직접 배우셨다고 합니다. 군복무도 육군사관학교 박물관에서 하셨습니다. 그 이후로 박물관 관련 일들을 계속 하시다가, 한옥 짓기나 문화재 보수와 관련해서 처음 맡으신 일이 1962년 숭례문崇禮門 중수 공사의 감독관입니다.

저도 사회를 준비하면서 처음 알게 되었는데, '지유指諭'라는 말이 있습니다. 가리킬 '지指'에 깨우칠 '유諭'로, 감독의 역할과 깨우쳐 주는 선생님의 역할을 함께 한다는 의미일 텐데요. 한옥을 지을 때 설계와 현장 시공 감독 등을 총괄하는 사람을 이 명칭으로 부른다고 합니다. '감독'이 현장에서 시공을 관리하는 사람이라면, '지유'는 연극이나 영화로 치면 제작·기획·연출을 다 하는 총괄적인 역할을 하는 사람을 말합니다. 신영훈 선생님께서는 몇십 년 동안 '지유'의 역

* 1972년 7월 '국립중앙박물관'으로 명칭이 변경되었다. 같은 해 8월 경복궁으로 이전하여 개관했다가 2005년 용산으로 신축 이전하였다.

할을 해오셨습니다.

신영훈 선생님이 지금까지 관여하신 중수 공사나 증축 공사를 보면 우리나라의 중요한 문화재가 총망라되어 있는 것 같습니다. 경주 석불사, 금산사 미륵전, 익산 금마 왕궁리 5층 석탑 해체수리 감독관, 서산 마애불 보호각 신축 지유를 하셨고, 좀 더 큰 건축물로는 송광사 대웅보전 신축 공사의 지유를 하셨습니다. 그리고 프랑스의 센 강을 따라 대서양 쪽으로 가다 보면 '고암서방顧菴書房'이라 불리는 이응로李應魯 화백 미술관을 볼 수 있는데, 한옥으로 된 그 미술관을 설계하고 지으셨습니다. 공사의 자세한 내용은 『우리가 정말 알아야할 우리 한옥』이라는 책에 나와 있습니다. 그 밖에도 청주 운문사의 대웅보전, 진천 보탑사 목탑, 영국 대영박물관 한국실의 사랑방 등을 지으셨습니다. 이런 것들은 모두 문화재에 해당됩니다. 그 다음에는 '21세기 한국의 살림집'으로 양평에 2층 귀틀집 상곡당上谷堂 신축 지유, 충북 금성의 살림집과 경기도 안성 해주오씨 재실 신축 자문을 하셨습니다.

1962년부터 1999년까지 무려 37년 동안 문화재 전문위원을 지내셨고, 그런 공로로 2008년에 한국건축문화대상인 '올해의 건축문화인상'을 수상하셨습니다. 지금은 한옥문화원 원장으로 계시고, 강원도 홍천 구만리에 '지용한옥학교'를 설립해서 교장으로 계십니다. 그곳에 한국 건축도서관을 건축할 예정이라고 들었습니다.

지금까지 선생님께서는 크게 세 종류의 일을 하신 것 같습니다. 첫째는 한국 전통건축 양식의 보존 및 계승·발전과 관련된 일이고, 둘째는 생활 속에 한옥을 보급하는 일이며, 셋째로 한옥의 세계화, 즉 한옥을 세계에 알리는 일을 해 오셨습니다.

요즘 들어 '우리 것'이 강조되고 있는데, 과연 '우리 것'이란 무엇이고, '우리 것'의 원형은 어디에 있으며, 어떻게 알 수 있는지 하는 의문을 문외한으로서 품어 본 적이 있습니다. 저는 무엇보다 건축물이 우리 것의 원형을 가장 잘 보존하고 있는 대상이 아닌가 생각합니다. 건축물은 시스템이기 때문에 구조는 물론이고 냉난방 시설을 포함해 다른 여러 조건들이 모두 갖추어져야 하니까요.

제가 신 선생님의 저술 가운데 처음 접한 것이 시리즈물의 하나인 『운현궁』이라는 책이었습니다. 한옥에 처마가 길게 드리워 있는 이유 등을 그 책에 상세히 기술해 두신 것을 보고 깜짝 놀랐습니다. 제 전공이 열공학이어서 선생께서 열복사와 관련된 것을 상세하게 적어 놓으신 것*에 대단

* 계절이 바뀌면 태양의 고도가 달라짐에 따라 햇빛이 집 내부에 도달하는 경로도 달라진다. 한옥은 깊은 처마와 흙을 사용하고 빛을 반사하는 마당이 있어 여름에는 볕을 차단해 시원하고 겨울에는 햇빛이 들어와 따뜻하므로 한옥이 우리나라가 위치한 위도에서는 가장 알맞은 구조를 가지고 있다는 설명이다.

히 깊은 인상을 받았습니다. 그 후 선생께서 쓰신 책을 여러 권 읽었고 그 인연으로 사회를 보겠다고 자원했습니다. 오늘 재미있는 말씀을 많이 해주실 것 같습니다.

선생님을 모시기 전에 한 분만 더 소개해 드리겠습니다. 제가 앞에서 지용한옥학교를 설립해서 운영하고 계신다고 말씀드렸는데, '지용'은 따님의 성함입니다. 오늘 이 자리에 와 계십니다. 따님께서도 아버지의 뒤를 이어서 한옥 보급을 위해 노력하고 계십니다. 그러면 신영훈 선생님을 모시겠습니다. 큰 박수로 맞아 주시기 바랍니다.

● 신영훈(강연자): 고맙습니다. 복 받으십시오. 이렇게 만나 뵙게 되어서 반갑습니다. (청중 박수) 손뼉 치신 만큼 복 받으시기 바랍니다. (청중 웃음) 이렇게 잘생긴 양반들 앞에서 우리 한옥 이야기를 하려면 신이 나요. 오늘은 유별나게 잘생긴 분들만 모였네요. (패널 피터 바돌로뮤 씨를 가리키며) 여기 잘생긴 분이 또 한 분 계시네요. 한국의 장점을 세계에 널리 알려 주시기 바랍니다.

먼저 한옥의 고유한 특성에 대해서 말씀드리고, 제가 한옥 짓는 일을 하게 된 인연에 대해 말씀드리겠습니다. 그리고 마지막으로 한옥이 어떻게 자연과 조화를 이루며 발전했는지 사진을 통해 살펴보면서 그 속에 담긴 우리 조상들의 지혜에 대해 생각해 보고자 합니다.

한옥의 특징

한옥이 다른 나라의 살림집과 다른 특색은 구들을 놓은 방과 마루를 깐 대청이 나란히 조성되었다는 점에 있습니다. 이런 것은 이웃 나라인 중국이나 일본의 보편적인 살림집에서는 보기 어려운 구조입니다.

우리나라에서도 삼국 시대까지는 구들을 놓은 북방식 집과 마루를 깐 남방식 집이 주류를 이루었습니다. 그러다가 신라가 통일한 이후 고려와 조선 시대에 이르면서 이웃한 다른 나라에서는 볼 수 없는 구들과 마루가 공존하는 집을 조성하면서 한옥의 특성이 발휘되기 시작한 것입니다.* 그렇긴 해도 그 특성이 일률적으로 발현된 것이 아니라 지역의 기후 여건을 고려하면서 구들과 마루가 공설되는 기반을 조성하여 각 지역에 걸맞은 살림집을 지어내었고, 시대의 흐름에 따라 다시 개성이 발휘되어서 독특한 건조물의 성향을 간직하게 되었습니다.

현존하는 우리의 살림집들은 고래古來의 전형典型을 보존하기보다는 대부분 임진왜란과 같은 전화戰火로 인해 중

* 구들은 지독하게 추운 북녘에서 움집 바닥에 고래를 켜고 난방하면서 생겼고, 마루는 고온다습한 남방에서 시원하게 살 수 있게 높은 나무에 집을 지으면서 생겼다. 구들이나 마루만으로 지은 형태는 원초형 한옥이며, 구들을 놓은 온돌방과 마루를 깐 대청이 모두 있는 집이 한옥의 정형이다.

세 이후에 재현한 구조물들이어서 당대의 살림집은 거의 볼 수 없는 지경입니다. 그렇긴 해도 이웃해 있는 다른 나라의 살림집들과는 다른 독특한 특색을 지니고 있어서 '한옥'이라는 이름으로 통설通說되고 있습니다.

전래되어 오는 한옥의 구조적인 특성은 구들을 놓은 방과 마루를 깐 대청이 공존하고 있다는 점입니다. 다른 나라의 살림집에서는 이런 예를 거의 발견할 수 없다는 점에서 한옥은 이웃 나라의 집들과는 구별된다는 평가를 받고 있습니다.

방과 마루를 함께 조영하면서도 집집마다 그 규격과 접합에 개성이 있어서 이웃집이라 해도 동일하다고 할 수 없는 특성을 보이고 있습니다. 그 때문에 한 마을에 있는 비슷한 규모의 살림집이라 하더라도 동일한 형상으로 조영된 경우는 매우 드뭅니다. 멀리서 보면 모습이 비슷하여 대략 같은 규모로 조성한 것처럼 생각되지만, 막상 그 집 대문 안에 들어서서 샅샅이 살피면 이웃의 집들과는 다른 특성이 발휘되고 있음을 깨닫게 됩니다. 이런 면에서 한옥은 유사한 구조로 전형에 따라 조영된 다른 나라의 집들과 차이가 있습니다.

이처럼 한국의 살림집인 한옥은 구들을 놓은 방과 마루를 깐 대청이 연접해 있는 공통된 특성을 지니고 있으면서도 이웃에 동일한 집이 거의 없을 정도로 집마다 성향을 달

한옥의 구조적인 특성은
구들을 놓은 방과 마루를 깐 대청이
공존하고 있다는 점입니다.
다른 나라의 살림집에서는 이런 예를
거의 발견할 수 없다는 점에서
한옥은 이웃 나라의 집들과 구별된다는
평가를 받고 있습니다.

리하고 있습니다. 서울의 집장사가 지은 19세기의 한옥에서는 유사성을 지닌 집들이 더러 발견되지만, 고향에 가보면 같은 집이 한 채도 없을 정도로 저마다 독특한 특성을 지니고 있어요.

방과 마루를 나란히 조영하는 일은 거의 고정되어 오고 있다고 할 만합니다. 마루, 특히 대청의 좌우로 안방과 건넌방이 자리 잡고 있기는 하지만 집마다 방의 크기도 서로 다르고 심지어 성향을 달리하는 경우도 있을 정도로 심도 깊은 개성을 발휘하고 있습니다. 방과 마루의 넓이나 벽면의 구조도 필요에 따른 요구에 충실하여 집마다 특성을 지니고 있어서, 한 마을에 한옥 수십 채가 있다 하더라도 눈여겨 둔 집을 쉽게 찾을 수 있었어요.

한 집에서도 안방, 건넌방, 뜰아랫방, 사랑방은 그 크기가 서로 다르고 내부 구조와 치장도 각각 다르지요. 규모만이 아니라 다락, 벽장, 툇마루, 문짝 같은 것들도 모양이 제각각이어서 각기 다른 특성을 발휘하고 있습니다. 이미 지어져 있는 집에 새로 이사 온 사람이 자기 고향에서 터득한 생활방식에 맞도록 집을 고치면 이웃집과는 그 성향이 달라질 수밖에 없어요.

한옥은 한 채의 건물로 완성되기보다는 안채, 뜰아래채, 사랑채 등 용도에 맞게 조성된 건물들이 안마당을 끼고 자리 잡고 있어서 집마다 각기 다른 특성을 지니기 때문에 한 마을에도 동일한 집을 찾아보기 어려울 정도로 개성을 지니고 있다고 할 수 있습니다.

이처럼 한옥의 조영에는 전래되어 오는 지혜와 더불어 생활의 필요에 따라 그 형용을 완성하려는 노력이 강하게 작용하고 있습니다. 그 작용의 기반은 인체의 규격에 있기 때문에 의자를 사용하던 시대의 집과 좌식 생활을 위주로 하는 이들이 사는 집은 서로 다를 수밖에 없어요.

현존하는 대부분의 살림집은 방바닥에 방석을 깔고 앉은 사람의 눈높이를 고려하여 조영해서 상대上代에 의자 생활을 하던 시절의 집과는 그 구조에서 차이가 있습니다. 예를 들면 고구려 고분 벽화에 묘사되어 있는 살림집과 조선 시대의 살림집은 현격한 차이를 보입니다. 그 사실을 우리는 고구려 고분 벽화에 묘사되어 있는 당대의 생활상을 통해 분명하게 확인할 수 있습니다.

고구려의 집에 고유한 특성이 있다면 백제나 신라의 집에도 각각의 특성이 있고 통일신라 시대가 되면서 삼국의 문화가 서로 어우러져 새로운 흐름을 조성했을 가능성이 농후하지만, 지역의 특성을 고려하여 적응하기에 유리한 살림집을 짓고자 하는 성향에서 크게 벗어나지는 않았다고 생각합니다. 그 점은 지금도 지역에 따라 각기 다른 특성을 지닌 살림집들의 존재에서 어느 정도 추정할 수 있습니다.

이제 우리가 주목해야 할 것은 오늘의 살림집을 어떤

규모로 어떻게 지어야 오늘날의 생활에 걸맞은 이상성을 구현할 수 있느냐 하는 점입니다. 이상형의 추구에는 오늘의 식견이 절대적이기 때문에 우리는 이제 그 식견의 정립을 목표로 한옥을 탐구하는 일에 전념해야 할 단계에 이르러 있습니다. 이 일은 각자의 신념과 지능에서 추구할 수 있기 때문에 우리들도 열심히 한옥을 감지感知해야 합니다.

한옥을 짓게 된 인연

제가 복이 많아서 박정희 대통령이 육군사관학교 기념관을 시공할 때 같이 작업을 했어요. 그 인연으로 대통령 취임 후에 저를 부르시더니 외국에 가서 한옥을 짓고 오라고 하셨어요. "저는 외국에 가본 적도 없고 영어도 한 마디 못하는 사람인데 외국에 어떻게 갑니까?"라고 물었더니, "그건 걱정할 것 없고 자네는 가서 짓는 일만 하면 되니까 어떤 집을 지어야 할지 한번 가봐."라고 하시면서 덴마크 국립박물관에 보내셨어요.

덴마크 국립박물관과 고암서방

덴마크 국립박물관에 갔더니 우리 교포 양반이 오셔서 박물관에 한옥을 하나 지었으면 한다고 하세요. 전시실

고암서방 전경

안에 한옥을 짓는다는 게 쉽지 않잖아요? 벽면 한쪽만 가려야 하니까 안채나 사랑채 일부만 지을 수 있을 뿐이지 전체를 짓기는 어려워요. 한옥이 다른 나라의 집과 가장 구별되는 점은 온돌방의 존재이기 때문에 서양에 가서 한옥을 자랑할 때는 그걸 보여 줘야 한단 말이죠. 구들을 때서 덥히는 방 바로 옆에 큰 대청을 놓는다는 발상은 다른 나라에서는 상상하기 어려운 것이에요. 그래서 방 한 칸과 마루 한 칸을 나란히 짓겠다고 했습니다.

공사가 끝나고 한국실을 오픈하는 날 이응로 화백께서 오셔서 저 뒤에 있는 그림이 당신 그림이라고 자랑하시면서, 다음에 프랑스에 있는 자신의 집에 와서 한옥을 하나 지어 달라고 하셨어요. 우리나라에서 한옥 짓는 일을 맡기도 어려운 시기에 프랑스에 한옥을 지을 일이 생겼으니 얼마나 좋아요. 그래서 최순우 선생님께 말씀드렸더니, 저녁에 자택으로 오라고 하셨어요.

최순우 선생님 댁이 성북동에 있었는데, 그 양반 댁에 가면 앉기가 무섭게 술을 주셨어요. 술만 마신 게 아니라 그날 수집한 유물을 보여 주시면서 그것의 장점을 물어보셨어요. 앞에 최순우 선생님이 앉아 계시는데 도자기에 대해서 말을 하기 어렵잖아요. 그런데 말을 못하면 "술 한 잔 먹어. 뭐라고 이야기해 봐!" 하고 야단을 치세요. 이렇게 우리 것을 보는 눈을 가르치신 거죠.

그렇게 일 년이 넘도록 최순우 선생님 댁에 드나들면서 배웠어요. 저녁 때 선생님 댁에 가서 이야기를 하다 보면 새벽 여섯 시가 되어서야 내려왔어요. 집에 가서 아침을 먹고 박물관에 출근하니 무슨 일을 할 수 있었겠어요. 자는 수밖에 없죠. 선생님은 그 사이에 소식을 들어 알고 계셨지만 자나 보다 하고 내버려 두셨어요. 그 나이에 그렇게 배울 수 있다는 게 얼마나 좋은 일입니까. 신이 나죠. 신이 나니까 박물관에 있는 온갖 도자기들을 다 꺼내서 볼 수밖에 없겠지요.

그때 국립박물관 보급과 과장이 최순우 선생님이셨고 그 옆에 임천林泉 학예관이 계셨는데, 그분은 우리나라 목조 건축에서 최고봉이십니다. 그분께 우리 목조 건축을 배우는 바람에 숭례문 공사를 할 때 감독관 보좌를 하게 되었습니다.

당시에는 문교부 문화재관리국 안에 문화재과가 있었는데, 문화재과 과장으로 경주박물관장을 오래 하신 진홍섭秦弘燮 선생님이 임명되셨어요. 경주박물관에 갈 때마다 선생님을 모시고 공부한 인연이 있던 터라, 문화재과 과장이 되시면서 와서 조수 노릇을 하라고 부르시더라구요. 그래서 국립박물관에 앉아 있는 시간보다 선생님 밑에 가서 일하는 시간이 더 많았는데, 직책을 주기 어려우시니까 '문화재 전문위원'이라는 직책을 주셨어요.

하비브 하우스

문화재 전문위원으로 일할 때, 하루는 하비브Philip C. Habib 주한 미국 대사가 찾아와 공관에 한옥을 지으려고 하는데 와서 좀 봐 달라고 하세요. 정동에 있는 미국 대사관 관저에 갔더니, 한옥을 한 채 지을 자리를 생각해 보라고 하는 거예요. "뒤가 바로 덕수궁이어서 돌담이 있으니까 이렇게 앉히면 좋을 것 같다."라고 대답했지요. 그 후로 소식이 없다가 또 한 번 와달라고 해서 갔더니 벌써 집이 많이 지어진 상태였어요.

하비브 대사가 사람들을 데리고 직접 집을 지었어요. 미국 대사라고 하면 대단한 분이라고 생각했는데, 그 작업을 직접 하시면서 대단히 좋아하더라구요. 왜 부르셨냐고 했더니, 이 부분이 잘 안 되는데 어떻게 하면 좋겠느냐고 물으세요. 그래서 조언을 해드렸더니 "아, 그렇게 하면 되겠네."라고 하세요. 며칠 후에 다시 가 보니 깜짝 놀랄 만큼 잘해 놨어요. 일하는 목수가 누구인지 봤더니 그 근처에서 집장사 집을 짓고 다니는 목수예요. 집장사 집을 짓는 목수는 정식으로 배운 것이 아니라 어깨너머로 배운 날림꾼인데, 대사님이 워낙 철저하게 일일이 감독하니까 있는 정성 다해 지어서 아주 멋진 집이 지어졌더라구요.

또 한 번 부르시더니 마당을 어떻게 꾸미는 게 좋겠냐고 하기에 모르겠다고 했는데, 며칠 후에 가봤더니 마당을

우리의 전통 양식으로 된 건물과 아랍식 정원으로 지어진 하비브 하우스

아랍식으로 만들어 놓았어요. "그건 내 작품이야."라면서 하비브 선생이 무척 자랑스러워 했어요. 그래서 하비브 하우스Habib House*라는 말이 생겨났습니다.

하비브 대사는 "남이 지어 준 집에서 사는 것이 옳은가, 아니면 내가 살 집은 내가 짓는 게 옳은가?"라는 문제를 저한테 제시해 주었다고 할 수 있습니다. 그 양반이 하는 말씀을 통해서 집이란 무엇인지에 대해 여러 가지 궁리를 해보게 되었어요.

내 것 가르치기

여러분, 집이 뭐지요? 어머니 뱃속이 집이죠. 우리 모두 그 뱃속에서 태어났습니다. 그래서 우리말 중에 뱃속에 아이를 가질 수 있는 사람들을 '제집'이라고 해요. 그게 나중에 '계집'이라는 말이 되었지만 원말은 '제집'이에요. 요즘은 '계집'이라고 하면 여자를 낮추어 부르는 말처럼 되어 버렸지요. 그래서 요즘에는 양옥에 사나 봅니다. 엄마들이 주동이 되어 아파트에 살지요? 내 집을 버리고 남의 집에 산다는 뜻 아닌가요? 옛날처럼 제 집 같았으면 아파트가 아니라 한옥

* 1970년대 초에 이르러 미국 대사관 건물이 더 이상 유지될 수 없을 정도가 되자, 당시 주한 미국 대사였던 필립 C. 하비브가 한국 전통 건축 양식으로 지은 것이 '하비브 하우스'다. 하지만 하비브 대사는 완공을 보지 못하고 이임하여 자신이 만든 집에서 살아보지 못했다.

에 살았겠죠. 그런 걸 보면 시대의 문화 성향이라는 것이 언어뿐만 아니라 생활방식 전체를 바꾸어 놓는 것 같습니다.

당시에 국립박물관에서 선생님들이 모임을 가졌는데, 한국의 도자기, 회화, 집에 대한 이야기가 나왔어요. 당시 서울대학교에서는 서양 것만 가르쳤지 우리 것을 가르치는 사람이 없었어요. 그래서 서울대학교 출신은 국립박물관에 취직이 안 된다는 말이 있었습니다. 우리 것을 보고 기본적인 이야기를 할 수 있는 실력이 안 되니까. 심지어는 도자기를 놓고 이것이 뭐냐고 물었을 때 병인지 항아리인지조차 구분을 못했다고 해요. 선생님들이 그것을 경험하시고는 "이놈의 나라에서 내 것을 가르치지 않으니 어떻게 해야 할지 모르겠다."고 걱정을 하셨어요.

6.25 이후의 교육이 서양 것을 위주로 가르쳤다고 말씀하시면서 이제부터라도 우리 것을 가르쳐야겠다는 생각에서 국립박물관에 한국 미술 강좌를 개설하셨어요. 최순우 선생님이 회화와 공예에 대해 강의하시고, 백자와 청자에 대해서는 전형필 선생님이 강의하시고, 건축은 임천 선생님께서 맡으시고, 민속 자료에 관한 여러 전문가들이 와서 강의했어요. 하루는 전형필 선생님께서 유물을 어떻게 접근하고 다루어야 하는지에 관한 특강을 하셨는데, 그때 나는 조수니까 심부름만 했지요.

국립박물관에 강의실이 마땅치 않아서 덕수궁 미술

운현궁

관 광장에서 시작했는데, 각 분야의 전문가들을 모셔다 강의하니까 수강생을 두 번째로 모집할 때는 경쟁이 붙을 정도로 인기가 좋았어요. 각 대학의 선생님들도 오시고. 그런 실질적인 것을 배우는 것은 책상에서 글을 통해 배우는 것과는 전혀 다르죠.

선생님들께서 저더러 다음 강연 때는 운현궁雲峴宮*에 가서 살림집에 대한 강의를 해보라고 하셨어요. 건축을 배우

* '궁(宮)'은 생활의 공간이고 '궐(闕)'은 정치의 공간이다. 경복궁이 정치와 궁중생활이 함께 이루어진 곳이었다면, 운현궁은 흥선대원군 일가가 거주하고 생활하던 공간이었다. 운현궁은 조선 말기의 역사적 사건들 대부분이 시작된 곳이며 수많은 개혁정책과 쇄국정책이 시행된 곳이어서 그 역사적 상징성은 남다르다.

고 싶어 하는 사람들에게 운현궁 강의를 해보자는 의도로 시작해서 2년 넘게 운현궁에 관한 강의를 했어요.

운현궁에 들어가기 전에 설명하고 대문을 지나면서부터 행랑채와 안마당 거쳐 건물 내부에 들어가서 공부할 수 있도록 허락을 받고 집 안에 앉아서 한옥 공부를 시작했죠. 그랬더니 책상 앞에서 책으로 공부하는 것과 직접 한옥에 앉아서 그것에 대해 공부하는 맛이 크게 다르다고 사람들이 무척 좋아했어요. 대청에 앉아서 바라보면서 천장이 수평이 아닌 것도 발견하고, 도면으로만 공부하던 사람들이 대들보를 실제로 만져 보면서 배우니까 그렇게 재미있나 봐요. 그 다음부터는 정원의 배가 넘게 신청자가 몰렸어요. 공간에 한계가 있어서 반을 나눌 수밖에 없었고 나중에는 큰 작업이 되었지요.

운현궁 강의를 끝내고 나니, 한 사람이 손을 들면서 창덕궁昌德宮*에 가서 낙선재樂善齋를 볼 수 있는 강의를 해줄 수 있느냐고 물어요. 창덕궁은 아무나 들어갈 수 있는 곳이 아닌데 어떻게 하냐고 답했더니, "저희 집 어른이 창덕궁 소

* 창덕궁은 조선 왕실에서 가장 오랫동안 이궁으로 사용한 곳이다. 태종 5년에 완공된 창덕궁은 인조반정 때 큰 화재로 인정전만 남는 수난을 당했으나 그 후 다시 여러 전각들을 재건하여 본래의 모습을 되찾았다. 고종 10년 겨울 경복궁 자경전에 화재가 발생하여 왕이 다시 창덕궁으로 이어(移御)하게 되면서 고종 13-14년에 걸쳐 일대 수리를 하여 궁궐의 면모를 되찾았다. 순종이 한국의 통치권을 일본 황제에게 양여한다는 조서에 옥새를 찍은 곳이기도 하다.

장이신데, 어제 여쭤봤더니 좋다고 허락하셨습니다. 선생님께서 좋다고 하시면 창덕궁에서 현장 강의를 할 수 있도록 하겠습니다."라고 해요. 그래서 "오히려 내가 바라던 일이었는데 고맙네."라며 수락했지요. 강의 시작하는 날에 가봤더니, 오십 명이 넘는 사람이 모여 있어서 깜짝 놀랐어요. 그렇게 많은 사람이 모인 적이 없었어요.

'해학'의 조형의식

창덕궁 돈화문敦化門 안에 들어가자마자 돌다리가 하나 있어요. 돌다리 난간에 짐승이 앉아 있는데, 이 짐승이 무엇인지 물었더니 대답하는 사람이 없어요. 학교에서 배운 적이 없다는 거예요. 그래서 기초부터 시작했지요. 한쪽은 거북이 형상을 했지만 거북이 얼굴이 아니고, 또 한쪽은 새처럼 생겼지만 완전한 새의 모습이 아니지요. 우리가 십장생을 표현하듯이 신격화하여 조각한 것입니다. 왕실에 모시는 조각이니 정성을 다해서 기가 막히게 만들었겠죠.

그런데 조각들의 얼굴을 보면 긴장한 녀석들이 아니라 '씨익' 웃고 있습니다. 웃고 있는 조각이 다른 나라에 그리 흔한가요? 중국이나 일본과 다르게 우리나라의 조각들은 '씨익' 웃고 있어요. 앞에 앉아 있는 해태 녀석도 웃고 있지요. "너 들어오면 잡아 먹는다."라고 하는 얼굴이 아니라 "너 또 왔구나? 까불지 말고 잘 들어갔다가 와라." 하고 말하는 것

창덕궁 돈화문 안의 돌다리

처럼 '씨익' 웃고 있습니다.

중국의 조각들은 당장 잡아먹을 것 같은 표정을 하고 있는데 우리 것은 하나같이 웃고 있어요. 그러니 한국 문화가 중국 문화를 닮았다는 소리를 함부로 할 게 아닙니다. 그런데 그때만 해도 한국 것들은 모두 중국 것들을 본떠서 만들었다고 가르쳤어요. 요즘은 안 그러겠죠. 여러분들이 배울 때는 어떻게 배웠나요? 한국 문화와 중국 문화는 근본이 전혀 달라요. 이렇게 같은 조각품이라도 멀리서 보는 것이 아니라 가까이 가서 머리라도 쓰다듬으면서 보면 그것을 깨달을 수 있습니다.

옛날 왕궁에 있는 그런 조각들이 무서운 것들이면 왕자며 공주며 아이들이 그곳에서 어떻게 뛰어놀겠어요. 고구려 벽화에서 현무도나 백호도 같은 것들 중에 '씨익' 웃는 녀석을 본 적 있으세요? 무심히 보면 알 수가 없어요. 여러분이 웃는 얼굴로 잘 들여다보면 조각상들이 웃고 있다는 것을 알 수 있습니다. 우리나라 사람들은 고분 벽화를 비롯해서 조선 시대 말기에 이르기까지 조각상 하나하나에 웃는 모습을 부여하고 있어요. 그런 조형의식*이 어디서 왔는지 한 번

* 『한옥의 조형의식』(2001)에서 신영훈은 한옥에서 돋보이는 독창적인 조형의식의 하나로 '해학'을 강조한다. 그는 한국의 사자상이 중국이나 서양의 신전에 있는 사자상과 달리 웃는 모습을 하고 있고(예를 들면, 영암사지 금당 터의 석조기단에 있는 사자상, 경복궁 근정전 월대의 사자상 등), 무인상의 경우도 중국 만리장성 부

쯤 생각해 볼 필요가 있지 않을까요?

그런 점들을 선생님께서 가르치셨습니다. 같은 것을 만들면서도 중국인·일본인과 한국인이 만드는 것이 서로 근본이 다르다고 말씀하시면서, 고구려 고분 벽화를 통해서 여러 가지 예를 보여 주셨어요. 선생님은 두만강 유역에서 고구려 유물들을 찾아다니셨는데, 두만강 유역의 바위에 조각한 석상들이 적잖이 있어요. 일제강점기에 일본인들이 고구려 유적에 대해 남긴 기록에는 이런 것들이 빠져 있어요. 그러니까 국사책에 나와 있는 것이 고구려 문화재의 전부라고 생각하시면 안 됩니다.

두만강에 가서 걸어 다니다 보면 깜짝 놀랄 것들이 정말 많은데, 그런 것들이 하나도 소개가 안 되어 있어요. 그래서 "일본 사람들이 조선총독부에 모아놓은 그 많은 고구려 유적에 관한 기록에서 왜 이런 것들은 빼놓았을까?"라는 생각을 하게 됐습니다. 그러다가 일본 나라문화재연구소에서 2년 동안 일을 하게 되었는데, 그곳에 우리나라 유적을 조사한 보고서 원본이 있어서 살펴보았더니 자기네가 찍은 사진에는 그 장면이 있는데, 우리한테 소개할 때는 그것을 빼놓고 하라고 그어 놨어요. 왜냐하면 '웃고 있는 것들'을 보면 우

근에 있는 명십삼릉의 무인상은 매우 날카롭고 긴장한 모습인 반면, 우리나라 동구릉의 무인상은 인심 좋은 모습을 하고 있다고 지적한다. 이를 근거로 그는 조선왕조가 자신만의 독창성을 발휘했음을 강조한다.

리나라 사람들이 긍지를 느끼게 되고 조선총독부가 기가 죽어서 안 된다고 이것들은 빼라고 원칙을 정했다고 합니다. 그래서 일제강점기의 우리 교과서에는 그런 사진이 한 장도 없어요.

그런 것을 통해서 내 것을 보기 시작하니까 이제 남의 책을 읽으면서 내 것을 봐서는 안 되겠다는 생각이 들기 시작했어요. 그래서 간송 선생님께 말씀드렸더니, "아, 그거?"라고 하시면서 유물 하나를 보여 주시는데, 항아리를 들 수 있도록 만들어 놓은 고리에 사람의 웃는 얼굴이 조각되어 있어요. 깜짝 놀랐지요. 거기에 사람 얼굴이 있을 거라고는 상상도 못했거든요. 옛날 어른들이 만든 것들에는 사람이 즐겁게 살 수 있도록 그런 사람의 표정이 들어 있어요. 그래서 우리 왕실에 있는 것들에도 사람의 얼굴이 꽤 많아요. 일본 사람들이 '귀면鬼面'이라고 부르는 도깨비 얼굴을 보더라도, 우리의 귀면은 웃고 있는 녀석들이 많지요.

이런 것을 보면 우리 선조가 생활에 필요한 것들에도 즐거움을 나타내기 위해 많이 생각했음을 알 수 있어요. 그런 웃는 얼굴은 삼국 시대의 기와에서부터 찾아볼 수 있습니다. 즉 한국 미술에는 처음부터 웃음이 내포되어 있다는 얘기지요.

일본 사람들이 한국 건축사와 한국 미술사에 대해 쓴 책을 우리말로 번역하여 출판한 것을 보면, 일본 사람들이

“

같은 재료로 만들어도
‘장이’라고 불리는 전문가 양반이 온몸으로
정성을 기울여 만든 작품과
아마추어가 만든 것은 근본적으로 다르지요.
우리 어른들이 하시는 것을 보면
감동이 생깁니다.

”

선택한 사진들이 그대로 실려 있는 경우가 많아요. 그 사진들은 일본 사람들이 자신들의 취향에 따라 수집한 작품을 찍은 것이지, 우리 문화의 보편적인 특징을 나타내는 작품과는 거리가 멉니다. 당시에 내 것을 가르치는 학교가 없었기 때문에 이런 일이 생긴 것입니다. 이러니 내 것을 가르칠 필요가 있겠죠.

한 대학교 도자기과 발표장에서 청자와 분청사기에 관해 강의를 들었는데, 상상력이 너무 뛰어나다는 생각이 들었습니다. 다 끝난 후에 몇 가지 물어봤더니 "어, 그게 그런 게 아닌가요?"라고 저에게 오히려 질문을 해왔습니다. 책상 앞에 앉아서 책으로만 공부했지 실제로 흙을 빚어 보지도 못한 사람이었습니다.

국립박물관에서 최순우 선생님 밑에서 공부할 때, 선생님께서 옆에 가마를 하나 만들고 일부러 흙을 만져 보는 작업을 시키신 적이 있었어요. 그 공부를 통해서 무엇을 하나 보더라도 '저것은 이렇게 만들었겠구나', '가마는 어디에 넣었겠구나'라는 것을 알게 되었어요. 학교에서 그런 환경을 만들어 주어야 합니다.

건축학과에서는 실습을 많이 하나요? 실제로 여러분들이 나무를 깎아 보면 똑같은 나무라도 어떻게 깎느냐에 따라 나무에서 나오는 맛이 전혀 다르다는 것을 알 수 있습니다. 같은 재료로 만들어도 '장이'라고 불리는 전문가 양반이 온몸으로 정성을 기울여 만든 작품과 아마추어가 만든 것은 근본적으로 다르지요. 형태를 본떠서 그대로 만든다 하더라도 전혀 달라요. 우리 어른들이 하시는 것을 보면 감동이 생깁니다. 역시 온몸으로 만드는 것과 눈짐작이나 입만 가지고 하는 것은 큰 차이가 있어요.

숭례문 중수 공사

그런 경험을 한 후에 최순우 선생님께서 임천 선생님 조수 노릇을 하라고 시키셨어요. 임천 선생님은 그때 국내에서 유일하게 목조 건축의 단청을 하시던 분이었는데, 단청을 하려면 집을 짓는 일도 겸해야 합니다. 그래서 단청 공부만 하신 게 아니라 집 짓는 일을 총괄하세요. 목수에게 지시도 하시면서요. 도편수都邊首* 이광규李光奎 선생님이 처음에는 "자기가 뭘 안다고……"라고 하시더니, 몇 군데 가서 같이 일을 해보신 후에는 역시 다르다고 감복을 하셨어요. 나중에 숭례문 중수重修 공사 때 도편수로 이광규 선생님께서 참여하셨습니다.

숭례문 중수 공사 때 저는 현장 감독관 조수 노릇을 했어요. 나는 그때까지도 집이 뭔지, 목조 건축이 뭔지, 어떻

* 건물 내부에 문짝을 붙이거나 가구를 제작하는 소목장과 구분하여, 궁궐이나 사찰 등 대규모의 건물을 짓는 사람을 대목장 또는 도편수라 한다.

게 다루어야 하는지 전혀 알지 못하던 시절이었는데, 가서 보고 배우라고 하셔서 선생님께서 하시는 작업을 배울 수 있었습니다. 석수장이 양반들이 다듬는 방법, 또 미장이가 하는 방법, 목수가 치목과 조립을 하고 단청장이가 단청하는 방법까지 전 과정을 보면서, 무엇 하나를 완성하기 위해서 여러 단계를 거치는데도 얼마나 소통이 잘되고 계획이 분명하면 저렇게 맥이 딱 맞을까 하는 느낌을 절실하게 받았어요. 그런 것을 보면 책상 앞에 앉아서 배울 때와 몸으로 배울 때, 그리고 그것을 마음으로 느낄 때가 정말 다르다는 것을 알 수 있습니다.

감독관 조수 노릇을 하라고 하셨는데, 내가 그 양반들한테 가서 잔소리를 하는 감독관이 아니라 조수로 작업 과정을 기록하는 거예요. 나중에 중간보고서를 만들 때 그 자료를 바탕으로 써야 하니까. 그래서 숭례문 수리 보고서를 만들 때 제가 관여하게 됩니다.

숭례문 공사가 끝나고 얼마 되지 않아서 석굴암 근처에 집을 짓는다고 해서 그곳에 가게 되었어요. 공사 현장에 살림집을 하나 지으라고 했는데, 일하는 사람들에게 밥을 해 먹이기 위해 우리 부부가 가게 되었지요. 그곳이 우리 부부의 신접살림이 된 셈인데, 색시는 절에 가서 스님들과 주변의 산을 볼 수 있다면서 무척이나 좋아했어요. 아직 아이가 어렸으니까……. 그 바람에 우리 가족과 함께 한옥이 지어졌지

"우리가 건축 공부를 하는 목적이
앞으로 우리 생활에 걸맞은 집을 지을
식견을 쌓는 데 있다면, 옛날부터
이 땅 위에 어떤 집이 존재해 왔고 그 집을
만든 분들이 어떤 지혜를 발휘했는지
알아 둘 필요가 있습니다."

요. 그래서 지금까지 우리 딸도 한옥학교를 한다고 하고. (웃음)

공부를 위한 공부를 하기보다는 이렇게 몸 전체로 그것을 터득하고 그것으로 내 작업의 목표를 삼고 인생을 살아왔는데, 그런 바탕이 없었다면 오늘 나를 여기에 부르지도 않았을 것입니다. 내가 책상 앞에서 한옥 공부만 한 사람이라면 이렇게 부르셨을 리가 없죠. 그러니까 우리 어른들이 옛날에 어떤 집을 짓고 살았는지에 관심을 많이 가질 수밖에 없었겠지요.

아까 얘기한 하비브라는 양반이 우리가 기둥 깎는 것을 보더니 감탄을 했어요. 기둥을 깎을 때 똑같이 깎지 않고 아래보다 위를 조금 더 가늘게 깎고 배가 약간 불러 있죠? 왜 그런 걸까요? 기둥은 그렇게 깎아야 사람들이 볼 때 안정감이 있어요. 우리 선조가 그런 식견을 가지고 기둥을 그렇게 깎은 거라고 생각합니다.

요즘 사람들은 '배흘림기둥이 어떻고 민흘림기둥이 어떻다'라는 식의 교육을 받았을지는 몰라도 배흘림기둥을 실제로 어떻게 깎느냐고 물어보면 대답하는 사람들은 많지 않을 거예요. 같은 배흘림이라도 집의 규모와 위치에 따라서 약간씩 차이를 둡니다. 사는 사람이 어떻게 바라보느냐 하는 안목을 대단히 중요시했다는 뜻입니다. 이렇게 한옥은 사는 사람의 시각적인 안정감까지 감안하여 지은 집이라는 것을 깨달으면서 우리 선조가 대단한 식견을 가졌다는 것을 알게 되었어요. 아름다움을 찾기 위해 양식에 따라 배흘림을 만들었다고 단순하게 이야기할 것이 아니죠. 다른 이유가 무엇인지에 대해 대답을 하려면 그 집에 살아 볼 필요가 있습니다.

일본 사람들이 쓴 한국 건축사 책에는 그런 이야기가 한 마디도 없습니다. 내 것을 모르고 남의 것을 겉으로만 봐서는 충분히 이해하기 어렵다는 것입니다. 몸에 느껴지지 않는다는 얘기지요. 몸으로 자기 것을 만들어 낸 것이 그 시대의 민족 문화이기 때문입니다.

어머니가 지어 주신 밥과 이웃집의 밥이 똑같지 않고, 밥과 반찬 맛이 집마다 다르지요. 그와 마찬가지로 똑같은 재료를 사용하면서도 만드는 사람의 특성이 발휘될 수 있는 것이 제품이라고 한다면 집도 그렇습니다. 딱 보면 저 양반 작품이라는 것을 알 수 있을 정도로 개성을 충분히 발휘할 수 있어요.

그런 것을 눈여겨보면서 우리의 건축을 몸으로 느끼기 시작하면 책상 앞에서 글로만 읽은 것과는 전혀 다른 흥미를 느낄 수 있을 것입니다. 그런 흥미를 느끼시기 바란다는 이야기를 하기 위해서 말이 길어졌습니다.

움집

한국의 살림집

한옥이라고 하면 기둥을 세우고 벽을 치고 지붕을 얹은 목조 건물을 떠올리기 쉽지만 토담집, 귀틀집, 움집 등이 널리 존재해 왔습니다. 지금부터는 사진을 통해서 이 땅에 존재해 온 집들과 그 집들을 지은 우리 선조의 지혜를 통해서 우리가 어떤 집을 지어 나가야 할지 모색해 보고자 합니다.

움집

왼쪽 사진과 같은 주거 형태를 뭐라고 하나요? '움집'이라고 하지요. 땅을 파고 그 둘레에 나무 기둥을 박은 다음 이엉을 얹고 단단히 엮어서 만든 집입니다.

다음 사진은 움집 내부 모습인데, 움집 안에서 하늘을 볼 수 있도록 만들어 놓은 것입니다. 요즘 사람들이니까 저렇게 만들었지, 옛날 사람들이 저렇게 만들었을 리가 없겠죠? 비가 오면 어떻게 해요. 모형이니까 파이프를 가지고 이렇게 비어 있는 공간을 만든 거지요. 이와 같이 모형을 만든다고 하더라도 실질적인 것을 생각해서 만드는 것과 그렇지 않은 것은 차이가 있습니다. 그러니 원시 시대의 주거 형태가 어떠했는가에 대해 책상 앞에서 글로만 배울 경우 잘못된 결론에 도달할 수 있기 때문에 실물을 경험하면서 논리적으로 정리하는 단계를 거치시기 바랍니다.

움집 내부에서 올려다본 천정

현재 남아 있는 움집 터

전남 영암 선사주거지에 다시 지은 움집

다음은 현재 남아 있는 움집 터인데, 기둥을 세우기 위해서 자리를 만들어 놓은 것 중에 일부가 남아 있는 것입니다. 이를 통해서 옛날 사람들이 집을 지을 때 어떻게 애를 썼을지 추측해 볼 수 있습니다. 가운데에 돌로 윤곽을 만들어 놓은 것은 무엇일까요? 밥을 짓던 장소는 아닐까요? 짐작만 할 뿐이지 기록이 남아 있지 않아서 실제로 그랬다고 말하기는 어렵습니다.

위의 사진은 전남 영암 선사주거지에 다시 지어 놓은 움집입니다. 한국의 원형 주거 형태에 이런 것도 있었다는 것을 보여 주기 위해서 만들어 놓은 것인데, 실제로 옛날에 이런 집이 있었을까는 여러분들이 판단해 주시기 바랍니다.

귀틀집

귀틀집

다음에 살펴볼 주거 형태는 통나무를 가지고 귀틀을 짜서 공간을 형성하고 벽을 치고 문짝을 달아서 방을 만든 귀틀집*입니다. 이런 귀틀집은 지금도 태백산 골짜기에 가면 몇 채 남아 있어요. 옛날에는 이런 집들이 꽤 많았습니다. 집의 기초를 어떻게 했는지를 살펴보면, 큰 바위를 듬성듬성 줄 지어 놓고 그 위에 통나무를 걸쳐 대어 귀틀집을 쌓아 올린 것을 보면 원초 시기에도 집의 기초에 대한 개념이 있었음을 알 수 있어요.

옛날 양반들이 어떤 도구를 사용했길래 저런 것이 가능했을까 하는 문제가 있는데, 왼쪽 사진의 저런 문짝은 최신 것이지 옛날 것이 아닙니다. 유물을 제작하는 사람들이 저런 것까지도 옛날 식으로 만들어야 하는데 현대적인 것으로 바꾸어놓고 말았어요. 그것이 오늘날의 사람들이 옛날을 느끼는 한계일 수 있습니다. 사람의 식견이라는 것에는 한계가 있음을 알 수 있지요. 그러니까 여러분이 옛날 것을 공부하면서 보지 않은 것을 이야기할 때는 조심스럽게 말을 해야

* 귀틀집은 통나무로 벽체를 이루면서 짓는 집이다. 통나무를 일으켜 세워 나란히 세우는 방식과 옆으로 뉘어 차곡차곡 쌓아 올리는 방법이 있는데, 우리나라에 현존하는 귀틀집은 대부분 통나무를 뉘어 쓰고 있다. 새마을운동이 본격화하기 전에는 산골에서 귀틀집을 보기가 쉬웠으나, 이제는 태백산이나 울릉도에 몇 채 남아 있을 뿐이다.

너와집

지, 완벽한 결론을 말하듯이 이야기해서는 곤란합니다. 언제든지 내용이 변경될 가능성이 있어요. 특히 학문적인 것이 그럴 때가 많습니다. 여러분들은 공부할 때 다른 가능성이 있는 것들에 대해서는 완벽하게 결론을 내리지 마시고 추정하시기 바랍니다.

너와집

이제는 너와집이라고 불리는 주거 형태를 살펴보겠습니다. '너와'라는 게 뭔가요? '나와' 노는 것이 아니라 '너와' 논다고 할 때의 그 '너와'입니다. 내 것을 고스란히 만드는 것이 아니라 남의 것을 본떴다는 말이 됩니다. 나무껍질은 남의 것이죠? 왼쪽 사진에 나오는 저런 지붕을 올리려면 나무를 몇 그루나 베어야 했을까요? 내 것 같았으면 죽였겠어요? 남의 것이니까 죽였겠죠. (웃음) 그래서 너와지붕이라는 말이 생겼는지도 모르겠습니다. 이 정도 지붕이면 현대적인 것입니다.

이 사진은 찍은 지 몇 년이 채 안 되었어요. 산골짜기에서 마을 밖으로 멀리 나가서 돈을 주고 비싼 건축 자재를 사서 집을 짓는 것보다 주변에 있는 것을 활용하면 되지 않겠느냐는 생각에서 이런 집을 지었다고 합니다. 이 집을 지은 할아버지는 그 당시 팔순이셨는데, "옛날 우리 어른들이 이런 집을 짓고 살았으니까 그런 것을 본받아서 이런 모양을

건축 공부를 하는 것은 남의 집을
고스란히 본뜨기 위해서가 아닙니다.
각각의 집이 가지고 있는 성향은 어떤가,
그렇다면 나는 어떤 성향의 집을 만들고 싶은가를
생각하면서 공부한다면 자기 작품을
만드는 데 필요한 소질을
갖출 수 있을 것입니다.

만들었다."라고 하십니다. 지붕 위에 돌이 올려져 있는데, 골짜기에 바람이 많이 불어서 나무껍질이 바람에 날아가지 말라고 눌러 놓으신 거예요. "못을 좀 박지 그러셨어요?"라고 했더니, "이런 산골짜기에 무슨 못이 있어? 이걸로 눌러 놔야지."라고 말씀하세요.

이런 것을 보면 옛날에만 지붕 위에 돌을 얹어 놓았던 게 아니라 오늘날에도 여건이 구비되지 않으면 그럴 수 있음을 알 수 있습니다. 결국 생활 여건이 어떠한지, 즉 재료를 어떻게 공급할 수 있느냐에 따라 그에 맞는 집이 완성되었다고 볼 수 있어요.

우리가 건축 공부를 하는 것은 남의 집을 고스란히 본뜨기 위해서가 아닙니다. 각각의 집이 가지고 있는 성향은 어떤가, 그렇다면 나는 어떤 성향의 집을 만들고 싶은가를 생각하면서 공부한다면 자기 작품을 만드는 데 필요한 소질을 갖출 수 있을 것입니다.

저런 집을 보면서 "요즘 저런 원시적인 집에서 누가 살아?"라고 생각하기보다는 아무것도 없는 산골짜기에서 옛날 도구를 가지고 주변에 있는 자재를 활용해서 공간을 만들려고 어떻게 애를 썼는지 고민하면서 그 지혜를 터득할 수 있다면 여러분이 하는 공부에 도움이 될 것입니다. 여러분들에게 저런 집을 짓고 살라는 뜻은 아닙니다. 인간의 지혜에 따라 집이 어떻게 형성되었나 하는 문제에 대한 학문적인 기반을 갖추고자 한다면, 저런 자료들도 충분히 알아 둘 가치가 있지요.

드나드는 문을 보면 지붕과는 완전히 다른 고급 재료를 쓰고 있습니다. 현재의 여건을 활용한 것이지요. 원시 시대에도 마찬가지였을 것입니다. 원시 시대에 우리 선조가 어떻게 집을 지었다고 막연하게 책상 앞에서만 공부할 게 아니라, 오늘날 남아 있는 이런 것들을 통해서 부득이 그럴 수밖에 없었겠구나 하는 것을 깨닫는다면 학문적으로 도움이 될 것입니다. 한옥의 원천을 공부하기 위해서는 저런 집들이 남아 있는 곳에 한 번쯤 가볼 필요가 있어요.

오른쪽 사진을 보면 여러분들이 생각하는 초가지붕이 아니죠? 우리 벼는 길이가 짧아서 지붕 꼭대기부터 아래까지 하나로 내려오기가 어려워요. 이 집은 뒷산에서 나는 긴 풀을 잘라서 지붕을 만든 것입니다. 그러니까 초가집이 어떻고 기와집이 어떻다고 이야기할 게 아니라 옛날 양반들이 주변에 있는 건축 자재를 지혜롭게 활용해서 어떻게 집을 구성했는지를 살펴볼 필요가 있어요. 그것을 우리 선조의 식견이라고 한다면, 우리가 건축사를 쓰면서 저런 식견을 높게 평가하고 그 지역의 특성에 맞게 집을 짓는 지혜를 발휘한 것에 주목해야 합니다.

그런데 최근에 나온 한국 건축사 관련 책들을 보면 양식에 대한 설명만 나와 있지, 이런 집에 대한 이야기는 찾

뒷산의 풀을 잘라서 지붕을 만든 집

아볼 수가 없어요. 그것은 학문을 위한 학문을 하는 것이지, 이 땅에 존재해 온 우리 집에 대한 공부를 하는 것은 아닙니다. 내 것을 알고 남의 것을 알아야 한다고 할 때, 이 땅에 존재해 온 집들을 충분히 파악한 후에 그 장점들을 모아서 21세기에 맞는 내 집을 짓는 지혜를 발휘하면 어떨까요?

다음으로 바람이 많은 지역에서 지붕이 날아가지 않도록 새끼줄로 엮어 놓은 집을 볼 수 있습니다. 지붕을 보면 아주 부드러운 선으로 되어 있죠. 뒤에 있는 나무의 형태나 뒷산의 형태와 별 차이가 없는 천연스러운 선이 도입되어 있어요.

우리 어른들은 벽을 쌓고 구성을 하면서도 주변에 있는 것과 달리 툭 튀어나오는 것을 싫어하셔서 뒷산과 어울리

새끼줄로 지붕을 엮은 집

환기를 위해 지붕에 구멍을 낸 집

는 모양의 지붕을 만들어서 자연스러운 기풍에서 벗어나지 않으려고 노력을 했어요. 우리나라의 집이 가진 특성을 설명할 때 바로 이런 점을 손꼽아야겠지요. 내 것을 공부하기 위해서는 우리 조상들이 가지고 있던 심성을 충분히 파악할 필요가 있어요.

다음으로는 신선한 공기를 집 안으로 주입하기 위해 지붕 끝에 구멍을 낸 집을 볼 수 있습니다. 지금 보기에는 "저런 방에서 답답해서 어떻게 사나?" 하는 생각이 들지도 모르지만, 창에 바른 한지를 통해서 공기가 통하고 천장에서 공기가 통하기 때문에 환기를 위해서 꼭 문을 열어 둘 필요가 없었어요. 그런 지혜를 배워야겠지요. 옛날 어른들이 지붕을 구성하는 재료가 바람에 날아가지 않도록 새끼줄로 묶어 놓고, 눈이 와도 씻겨 내려가지 않고 비가 내려도 흐르지 않도록 지혜를 발휘하셨다는 것이 대단하다는 생각이 듭니다.

만약 여러분이 시골에 가서 맨손으로 집을 지어야 한다면 저런 지혜를 본받을 수밖에 없겠지요. 그런 지혜는 생활에서 터득하지 못하면 발휘할 수가 없는 것입니다. 우리가 서양식 어떤 것을 배웠다고 큰소리를 치지만 막상 저런 집을 지으라고 하면 여러분들은 어떤 집을 지을 수 있을까요? 저렇게 구수한 시골집을 지으시겠어요, 아니면 학교에서 배운 양옥을 지으시겠어요. 양옥은 남의 집이죠. 저기에 남의 집

"

이 땅에 존재해 온
옛날 집들에 대해 알아가고
그 집에 담겨 있는 이치와 철학과 능력을
오늘날 우리가 다시 발휘할 수 있다면
21세기에 맞는 새로운 한옥을
지을 수 있을 것입니다.

"

통나무를 활용한 집

을 지어야 할까요, 내 집을 짓는 것이 옳을까요? 주변에 있는 경관이라든지 하천의 조건과 같은 주변환경에 맞게 내 집을 짓는 것이 유리하다면, 여러분들 손으로 어떤 집을 지을지 한 번쯤 생각해 볼 필요가 있을 것입니다.

위의 사진을 보면, 왼쪽 벽체는 방이고 아래는 마루인데, 그 앞에 있는 것이 무엇일까요? 저건 통나무로 만든 오줌통이에요. 막상 저곳에 가서 있어 보니까 자다가 오줌이 마려우면 저기에 볼일을 봐야 해요. 저기에 오줌이 모이면 나중에 들에 뿌리면 되죠. 요즘 사람들은 저런 통나무를 오줌통으로 사용할 필요가 없지만, 옛날 사람들은 저기서 나오

산을 등지고 지은 집

는 것을 거름으로 사용했어요. 옛날에는 필요에 따라 그에 맞는 집을 지었다는 것을 생각하면서, 이런 집들이 가지고 있는 구조 속에서 우리 선조가 발휘한 지혜를 터득하시기 바랍니다.

어머니 뱃속에서 우리가 큰 것처럼, 이렇게 적절하게 구성한 집에서 어머니와 더불어 살던 시절이 있었지요. 오늘날 아파트에서 살면서 아이들이 아토피로 고생한다는 보도가 있습니다. 아이들을 죽이는 아파트를 짓는 것이 옳은지, 자기 손으로 집을 짓고 사는 게 옳을지 생각해 볼 필요가 있지 않을까요? 우리가 건축을 공부하는 목적이 앞으로 우리 생활에 걸맞은 집을 지을 식견을 쌓는 것이라면, 이 땅에 어떤 집이 존재해 왔고 선조들이 집을 지을 때 어떤 지혜를 발휘했는지 알아둘 필요가 있습니다.

왼쪽 사진을 보면, 왜 이렇게 산을 등지고 산에 바싹 붙여서 집을 지었을까요? 지은 지 수백 년이 되어서 문화재로 지정될 정도의 집인데 저렇게 규모 있는 집을 산에 바싹 붙여서 짓고, 묘한 곳에 우물을 파두었어요. 외부 사람들더러 집을 지으라고 하면 저렇게 짓지 못했을 것입니다. 오랜 세월 동안 살아본 경험으로 저런 집을 지은 것이죠. 이렇게 집은 남의 것을 본떠서 짓는 것이 아니라 그 지역에 걸맞고 내 생활이 반영된 집을 지어야 합니다.

실제로 가서 보면, 하나의 집인데 가운데와 좌우에 각

뒷산을 닮은 산소

뒷산의 봉우리를 닮은 지붕

각 지붕을 만들고 중간을 막아서 분리해 두었습니다. 가운데에는 부모님이 사시고, 저쪽에는 신혼부부가 살고 이쪽에는 형제들이 사는 집을 만들었어요. 분리해서 살면서도 쉽게 모일 수 있도록 만들어 놓은 집이에요. 집이라는 것은 우리 몸속에서 우러나오는 것을 만들기 위해서 노력한 것이라는 쪽으로 학문의 방향을 설정하는 것을 생각해 보면 좋을 것입니다.

다음 사진은 산소인데, 그 형태가 뒷산과 비슷하죠? 뒷산과 똑같이 만든다는 것은 천연으로 돌아간다는 뜻입니다. 예전에는 천연에 사는 사람을 신선이라고 했어요. 그렇다면 '우리 어른이 돌아가셔서 신선이 되셨습니다'라는 것을 나타내기 위해서 저런 산소를 만들었다고 해석하면 어떨까요. 옛날 어른들이 지형을 무시하지 않고 저렇게 만들기 위해서 애쓰셨다는 것을 알 수 있어요. 여러분들이 살 집을 지을 때도 그런 이치를 활용할 수 있겠죠.

다음 사진을 보면 뒷산의 봉우리가 세 개인데, 이 집의 봉우리도 세 개지요? 가운데는 높고…… (웃음) 저런 집이 완성되는 바탕에 어떤 심성이 있었는지 한 번쯤 생각해 볼 필요가 있습니다. 그것을 조형심리라고 말할 수 있는데, 우리 선조들은 조형심리를 이렇게 발휘하셨으니까 우리는 이렇게 하자는 방향 설정이 가능하겠죠. 이런 것을 보면 한옥이 단순한 것이 아님을 알 수 있습니다.

여러분들이 가볼 만한 한옥이 전국에 수만 채는 될 것입니다. 물론 북쪽은 갈 수가 없지만 우리가 올라갈 수 있는 휴전선 이남으로라도 제주도의 집과 육지의 집이 전혀 다르고, 같은 섬이라 하더라도 남해와 서해, 동해에 있는 섬의 집이 다 다릅니다. 집이란 같은 것이 거의 한 채도 없다는 것이 옛날 사람들의 생각이었어요. 여러분들도 얼굴이 똑같이 생긴 사람이 하나도 없잖아요. 그런데 요새는 아파트처럼 똑같은 집만 짓고 있습니다. 그렇다고 여러분들이 다 똑같은 아이들만 만들어 내는 것은 아니잖아요. 그 집에서 태어나는 아이들은 개성이 있죠. 그렇다면 그 집과 여러분이 살아야 할 이상적인 집의 성격은 다른 게 아닌가요? 그렇다면 여러분들이 건축 공부를 통해 짓고자 하는 집의 이상형을 아파트보다는 개성 있는 성향을 살린 집을 짓는 것에 두는 편이 바람직하겠죠.

이 땅에 존재해 온 집들을 공부하는 목적은 옛날로 돌아가기 위한 것이 아닙니다. 옛날 사람들이 발휘한 지혜를 터득해서 오늘에 활용하는 안목을 삼는 것이야말로 옛것을 공부하는 진정한 이유가 아닐까요. 이 땅에 존재하는 옛날 집에 대해 알아가고 그 집에 담겨 있는 이치와 철학과 능력을 오늘날 우리가 다시 발휘할 수 있다면 21세기에 맞는 새로운 한옥을 지을 수 있을 것입니다. 그런 좋은 일을 하시기

를 부탁드리면서 오늘 말씀을 끝맺겠습니다. 감사합니다. (청중 박수)

제2부 : 패널 질문과 토론

IRC Ltd. 부사장
P. E. Bartholomew
신영훈

● 이우일(사회자): 그러면 패널 선생님들께서는 앞으로 나와 주시기 바랍니다. 패널 선생님들 말씀은 아까 소개한 순서로 진행하겠습니다. 김인걸 선생님부터 말씀해 주시기 바랍니다.

● 김인걸(서울대학교 인문대학 국사학과 교수): 네, 소개받은 국사학과 김인걸입니다. 1990년대 중반에 신영훈 선생님을 뵙고 난 이후로 선생님을 따라다니면서 많은 것을 배웠습니다. 어떤 면에서는 그것을 밑천으로 국사학과 교수로서 생활해 나가고 있다고 해도 과언이 아닙니다. 오늘 강연을 들으면서 신 선생님께서 한옥 지키는 일에 평생을 바쳐 헌신하시는 데 최순우 선생님의 영향과 가르침이 상당한 역할을 했다는 것을 여러 사례를 통해서 알 수 있었습니다. 관악 캠퍼스에 와서 대학원에 다닐 때 저도 최순우 선생님을 모시고 미술사 강의를 들은 적이 있습니다. 최순우 선생님께서 워낙 바쁘시다 보니 관악 캠퍼스에 오시지는 못하고 저희가 박물관으로 가서 수업을 들었습니다.

저는 신영훈 선생님처럼 복이 많지 않아서인지, 최순우 선생님께서 일이 있어 외부에 나가시는 바람에 세 번 정

지유 신영훈을 비롯한 여러 분야의 장인들이 참여하여 1996년 완공한 보탑사 3층 목탑

도박에 강의를 듣지 못했던 것 같습니다. 그때 들었던 이야기가 도자기에 관한 것이었습니다. "제대로 된 도자기를 만들려면 태토胎土가 좋아야 하고, 가마 온도를 천 삼백 도 이상으로 올릴 수 있는 나무가 있어야 하고, 그것을 잘 이용할 수 있는 후원자(패트런)가 있어야 한다. 이 삼자가 갖추어져야 제대로 된 그릇이 만들어진다."라고 하신 말씀이 뇌리에 생생하게 남아 있습니다. 그것이 기초가 되어서 미술사에도 관심을 가지게 되었습니다. 그 이후에 1996년도인가 제가 학과장을 맡았을 때, 선생님을 모시고 국사학과에서는 처음으로 건축사 과목에서 한옥에 대한 강의를 진행했습니다. 그때 진천 보탑사 목탑 짓는 곳에도 따라가고, 가는 길에 진천 농다리(배다리)에서 설명을 듣고, 그 뒤로도 선생님의 가르침을 받으며 지내왔습니다.

자연을 닮은 집과 심성의 복원에 대해

신영훈 선생님의 말씀을 들으면서 여러분도 느끼셨겠지만, 선생님은 온몸으로 한옥을 짓는 일에 힘쓰시면서 후학을 가르치고 계십니다. 현장에서 가르친다고 말씀하셨지만, 한옥의 기원이나 특성, 앞으로 한국 건축이 가야 할 방향까지 제시해 주고 계십니다.

한옥의 가장 큰 특성으로 기술적인 측면에서, "북쪽에서 발전한 구들과 남방에 기원을 가지고 있는 마루를 결

한두 명의 능력 있는 개인이나,
한옥을 지을 수 있는 땅과 재력을 가진
사람들만의 작업으로 끝나서는 안 되고,
보다 넓은 공감대 위에서 새롭게 이루어지는
공동의 작업이 될 수 있는 방향을
모색해야 한다는 생각입니다.

김인걸 교수

합하여 개성을 가진 건축물로 발전시켜 온 것"이라고 설명하십니다. 초기에는 한옥의 기본적인 특징과 그것을 만들어 낸 한국 사람들의 심성, 즉 조형심리와 연관하여 자연을 닮은 집과 그것을 만들어 낸 사람의 중요성에 대해 말씀하셨습니다.

자연과 사람 가운데 이전에는 '자연을 닮은 집'을 더 강조하셨다면, 오늘 강연에서는 자연 속에서 사는 사람들을 더 중요하게 말씀하셨습니다. 그 점에서 우리가 지금 '남이 빌려 준 집', 즉 '남이 만들어 준 집'에서 셋방살이를 하고 있지만, 앞으로 우리가 스스로 지은 집에서 살다 보면 메말라 버린 우리의 심성도 되살아나지 않겠는가 하는 생각을 했습니다.

문제는 지금 우리의 조건이 한옥을 짓기에는 어려움이 많다는 것입니다. "지금 어디에 한옥을 지을 수 있을까?" "한옥을 지으려면 땅이 있어야 하는데 땅이 있는 사람이 과연 몇 명이나 되나?" 이런 문제를 생각해 보면 한옥을 짓는다는 것이 능력 있고 여유 있는 사람들만의 일로 간주되어, 자칫 한옥이 백안시될 수 있는 여지가 적지 않은 듯합니다. 그런데 오늘 강연에서 원초적인 집들을 보여 주시면서 본래부터 다시 시작하자는 이야기를 하시는 것을 들으면서 거꾸로 우리가 좋은 집을 같이 지어 나감으로써 우리들의 심성을 닦아 가는 발상을 할 수도 있다고 생각했습니다. 그런데

"우리가 능력을 갖추어서 한옥을 짓자."라고 했을 때 현재 우리의 찌들고 상실된 심성으로 그 집이 지어질 경우 위험해질 가능성도 있다는 것입니다.

그런 점에서 이런 작업은 한두 명의 능력 있는 개인이나 한옥을 지을 수 있는 땅과 재력을 가진 사람들만의 작업으로 끝나서는 안 되고, 보다 넓은 공감대 위에서 새롭게 이루어지는 공동의 작업이 될 수 있는 방향을 모색해야 한다는 생각입니다. '한옥운동'을 통해서 현대 문화에 찌들린 삶을 치유하고 더 나은 삶을 영위할 수 있는 지혜를 터득해 나갈 수도 있겠구나 하는 것이지요. 그런 점에서 오늘 선생님의 강의에 다시 한 번 감사드립니다.

남북의 주거 형태 교감에 대해

다음으로 질문을 하나 드리고자 합니다. 우선 질문과 관련하여 제 최근 경험 하나를 소개하겠습니다. 얼마 전에 박혁거세의 탄생 설화와 연관이 있는 경주 남산*을 답사했습니다. 북쪽은 일찍부터 귀족과 관련이 있었는데, 남쪽은 상당히 늦은 통일신라 말기에 대부분 구성되어서인지 고려적인 냄새도 나고 형태가 어설픈 점이 있어서 왜 그렇게 되었는지 생각해 봤습니다.

* 경주 남산에는 신라의 시조 박혁거세가 태어난 곳인 '나정(蘿井)', 박혁거세가 신라 최초의 궁궐을 세운 곳이라는 '창림사지(昌林寺址)'가 있다.

고구려 사람들은 영토를 확장해 나가면서 지방을 다스릴 때 해당 지역의 우세한 세력들, 즉 그 지역의 지배층에게 지방 지배의 거점인 소경小京을 맡기는 방식으로 지배했습니다. 이에 반해 신라 사람들은 왕경인王京人 중심의 지배 구조 아래서 왕경인 출신을 소경의 장으로 파견하고, 지방 지배층들에게 경위京位는 주지 않고 지방 관직이라 할 수 있는 외위外位를 주는 방식으로 운영했습니다. 그때 왕경인으로 지방 장관 등에 나갔던 사람들이 신라 경주로 돌아오니 갈 데가 없었어요. 중간인 토함산吐含山 근처는 모두 왕실 쪽에서 장악하고 있어서 남쪽으로 산림이 있는 곳을 찾게 되었는데, 거기에 자기 영역을 확보할 공간을 만들려 했던 것이 아니었나 생각해 볼 수 있지요. 자신들이 왕경王京 밖에서 경험한 산천에 대한 동경이 그런 식으로 나타났다고 볼 수 있을 것입니다.

통일신라 후기에 신라 지배층이 산에 조그마한 터라도 있으면 경영해 보고 싶다는 생각을 가지게 되었고, 그런 연유에서 경주 남산의 남쪽 면에 현재 우리가 볼 수 있는 것과 같은 조형물들이 들어서게 된 것으로 볼 수도 있겠구나 하는 것입니다. 주거 형태에도 여러 가지가 있는데, 선생님이 보여 주신 것들을 보면서 남북의 집들이 서로 영향을 주고받았겠구나 하는 생각을 하게 되었고, 그러다 보니 위와 같은 상상력이 발동한 것입니다.

질문은 다음과 같습니다. 신 선생님은 주로 역사적으로 집이 어떻게 시작되어 발전해 왔는지와 같은 원초적인 부분에 대해서 말씀하셨는데, 선생님 식으로 말하면 해당 지역에는 지역적인 유형이 고정된 집들, 즉 남방형, 일자형, ㅁ자형 같은 유형학이 나올 수 있을 것입니다. 그런데 위와 같이 상호 교류의 가능성을 염두에 둔다면 오히려 남방에도 유형학과는 다른 형태가 있을 수 있고 북방에도 또 다른 형태가 있을 수 있는, 동시성의 교감을 반영한 형태를 생각해 볼 수 있지 않을까요?

우리 전통의 핵심에 대하여

하나만 더 질문을 드리겠습니다. "우리가 전통으로부터 단절되어 일본인과 서양인, 그리고 외국에서 공부하고 오신 분들이 집을 지어 온 한계 때문에 우리의 심성은 다 놓치게 되었다. 그러므로 다시 원래의 전통으로 돌아가서 우리의 심성을 발견하고 발전시킬 필요가 있다."라는 말씀을 하셨습니다. 그런데 그 전통의 핵심이 무엇인지에 대해 질문을 드리고 싶습니다.

선생님께서 개인의 살림집을 중심으로 말씀하시다 보니, 개인 내지 문중門中의 용도로 지어진 집에 너무 초점이 맞추어져 있는 것 같습니다. 하지만 조선의 역사를 보면 개인, 문중, 집안 중심의 역사인식은 18세기 후반과 19세기에 들어와서 발전한 것이고, 그 이전에는 개인만이 아니라 국가적인 차원에서의 사회 운영도 동시에 사고했습니다. 단재丹齋 신채호申采浩는 "조선이 유교 때문에 망했다고 하는데 실제로는 유교의 본질을 잃어버렸기 때문에 망한 것이다."라고 지적합니다. 유교의 본질이라는 것은 당시에는 새로운 학문을 배워서 국망의 위기에서 나라를 구하는 것인데, 그런 점에서 조선 유교의 본질은 후기의 가문 중심의 것이 아니라 자기 주변 사람들과 전체 국가 사회를 같이 고려하는 점이 핵심이라고 볼 수 있겠지요.

이런 점에서, 조선 후기에 가문이나 문중 중심으로 집을 지어 나가는 것에서 오는 문제점은 없는지 궁금합니다. 개인적으로 하층민의 주거까지 고려하는 내용으로 발전했더라면 좋았을 거라는 생각이 듭니다. 따라서 현재 남아 있는 건축물로 참고하는 것은 대부분 관가 내지 조선 양반들의 가옥이기 때문에 조선 건축의 역사적인 변천을 말하는데 문제가 있을 수도 있다고 생각합니다. 그야말로 책상 앞에 앉아서 한 생각입니다. 이에 대한 선생님의 말씀을 듣고 싶습니다.

● 신영훈: 워낙 질문이 어려워서 대답하기가 어렵네요.

● 김인걸: 책상물림들이 그렇습니다. (웃음)

●신영훈: 워낙 격이 높으시니 뭐라고 말씀드리기가 어렵습니다만, 어쨌든 집이라는 게 인간이 사는 터전인데, 어떻게 살 것인가는 시대 상황에 따라 달라지잖아요. 시대성이라는 것은 건축 자재를 어떻게 공급하느냐와 직결되어 있습니다. 뒷산의 나무를 이용하려고 해도 도끼나 톱이 발달하지 않으면 잘라서 쓸 수가 없잖아요. 그렇다면 선사 시대에는 그런 집을 지을 도리가 없었고, 금속이 발달한 삼국 시대 이후에야 그런 집을 짓는 것이 가능했겠죠. 임진왜란 이후의 집들이 자연스럽게 연출되는 것은 바로 그런 도구의 활용과도 연결될 수 있습니다.

그렇다면 건축사를 단순히 어떤 하나의 기준만을 가지고 분석하기보다는 조금 더 넓게 생각하는 것이 바람직하지 않을까 하는 생각입니다. 우리가 한옥을 알기 위해서는 이웃 나라를 알아야 하고, 다른 나라의 목조 건축도 같이 알아야 하잖아요. 아마 전 세계의 목조 건축을 자신의 안목으로 보고 다닌 사람은 그리 흔하지 않을 거예요. 결국 우리가 주변에서 얻을 수 있는 식견을 오늘날 어떻게 활용해서 내 집을 지을 것인가 하는 문제와 관련하여, 내 집을 짓기 위해서 오래전부터 어떤 식견을 활용해 왔는지 생각해 볼 필요가 있겠죠. 어떤 식견을 활용했는지에 우리가 주목하고자 한다면 한국 건축을 단순히 건축으로만 볼 것이 아니라 한

Canon

대영박물관의 한국관에 지은 사랑방 외관과 내부 모습

국 문화사의 흐름 전반과 연결하여 살펴봐야 하지 않겠느냐 하는 생각을 하게 됩니다.

한옥이 제왕적이라든지 어떻다든지 하면서 약점을 꼬집는 사람들도 더러 있어요. 제가 프랑스에 가서 한옥을 짓고, 덴마크를 비롯하여 다른 나라의 국립박물관에도 한옥을 지었는데, 영국 박물관에서 일할 때 하루는 영국 공주님이 오시더니 자기 궁에 이런 집을 하나 짓고 싶다고 지을 수 있겠느냐고 물은 적이 있어요. 이렇게 외국인이 한옥에 관심을 가지는 것을 보면, 집이라는 것 전체를 분석할 필요가 있는 것이지, 한옥이라고 해서 꼭 한국적인 것으로만 이야기할 필요는 없다는 느낌도 듭니다. 미안합니다. 답이 되었는지 모르겠습니다.

● 이우일: 다음으로 전봉희 교수님의 말씀을 듣겠습니다.

● 전봉희(서울대학교 공과대학 건축학과 교수): 저도 간략히 소감을 말씀 드리겠습니다. 제가 대학원에서 공부할 무렵인 1980년대 후반부터 1990년대 초반에 한국 건축에 대해 출판된 책은 다 합해도 몇 권이 되지 않았습니다. 당시의 에피소드를 하나 말씀드리면, 1988년에 일본에서 박사 과정을 마친 젊은 선생 하나가 한

국 건축을 공부하겠다고 서울대학교에 와 있었습니다. 그 사람이 학교에 와서 하는 일은 학과 도서관에 있는 학회 논문집과 책으로 출판된 한국 건축 관련 논문을 하루 종일 복사하는 것뿐이었습니다. 그래서 제가 하루는 "한국에 복사하러 왔느냐?"라고 물었더니, "그렇다."고 대답해요. 그런데 한 달 정도 지나자 더 이상 복사를 하지 않았어요. 그래서 "왜 이제 복사를 하지 않느냐?"고 물었더니, "모두 다 했다."고 하더라구요. 결국 한국 건축과 관련한 모든 자료가 한 달 안에 복사를 마칠 정도의 분량이었다는 말입니다.

그때까지 나온 논문의 양이 요즘 한 해 동안 발표되는 논문의 양과 비슷할 정도로 자료가 적은 시기였습니다. 그런 시기에 신영훈 선생님의 『한국고건축단장』과 고대민족문화연구소에서 나온 『한국문화사대계』라는 책은 저에게 가뭄에 단비와도 같은 자료였습니다.

신영훈 선생님을 직접 만나 뵌 것은 1990년도였던 것으로 기억합니다. 그 무렵 박사 과정을 수료하고 글로 되어 있는 자료들은 다 본 상태여서, 선생님의 생생한 말씀을 듣고 싶었습니다. 그래서 신영훈 선생님 댁을 찾아가서 선생님을 따라다니면서 배우고 싶다고 청했더니, 그 자리에서 선뜻 허락해 주셨습니다. 그 이후로 선생님께서 궁궐이나 절에 가실 때 따라다니면서 전혀 새로운 이야기를 들을 수 있었습니다. 제가 가장 초기 학생 회원들 가운데 한 명이었던 것 같습니다. 그 당시 들었던 수업과 비교하면 오늘 여러분께서 들으신 내용은 아주 일부분에 불과합니다. 선생님 수업은 정말 재미와 감동이 있어서 완전히 새로운 세상이 열리는 것 같았습니다.

그러다 1992년에 경북 격동마을 조사에도 참여하게 되었습니다. 그 후 어설픈 박사 학위 논문을 쓰고 나서 운 좋게 목포에 있는 대학에 교수로 내려가면서 선생님을 직접 따라다니는 일은 줄어들었습니다. 선생님을 뵙고 가르침을 받은 것은 비교적 오래되었는데 맥을 이어받기에는 아직 부족합니다.

학교에 계시는 분들도 많고 연구소에 계시는 분들도 많은데, 그런 분들 속에서 신 선생님의 독특함이 더 드러났습니다. 신 선생님께 본받고 싶은 점에 대해 몇 가지 말씀을 드리면 우선 굉장히 유연한 사고를 하신다는 것을 들 수 있습니다. 고정된 틀을 일관되게 거부해 오셨습니다. 고정된 틀을 일관되게 거부하는 면에서는 유연하지 않으신데, 다른 면에서는 대단히 자유롭게 생각을 펼쳐 나가십니다. "이것은 이거다."라고 고정적으로 말씀하시는 일이 거의 없습니다. 어떤 법칙에서나 나무를 다루고 집을 지을 때 이렇게 하면 이런 점이 좋고 저렇게 하면 저런 점이 좋다고 하시면서 차분하게 의견을 말씀하시지, 꼭 이렇게 해야 한다고 말씀하시는 것을 현장에서 한 번도 들어본 적이 없습니다.

한옥 짓기 실습수업을 통해 서울대학교 안에 세워진 2칸 한옥

제가 선생님을 따라다니던 때가 송광사松廣寺에서 일하시던 무렵이었는데, 송광사의 건물을 가운데는 볼록하고 양쪽은 들어가는 방식의 새로운 평면으로 만드셨습니다. 보탑사라는 것도 생각하지 못했던 것이었는데, 사람들이 올라갈 수 있는 것으로 해야겠다는 생각을 하셨습니다. 목수들이 빠지기 쉬운 함정이 한 번 성공해서 그것으로 재미를 보면 그것을 계속 재생산해서 이윤을 많이 남기고 싶어 하는 것입니다. 그러나 선생님께서는 어떤 것을 해봐서 된다 싶으면 또 다른 것을 시도하십니다.

소위 말해서 개척정신을 잘 보여 주는 것이 '지유'라는 자리입니다. 저도 '한옥 짓기 실습수업'을 통해서 교내에 2칸짜리 오두막을 지으면서도 학교 본부와 학과 사무실, 학과 교수들, 참여하는 학생들, 그리고 지도하러 오신 여러 분야 장인들과의 관계를 조정하는 것이 정말 간단치 않았습니다. 집을 지으면 지나가는 사람들이 한 마디씩 합니다. 집에 대해서는 모든 사람이 전문가잖아요. 집에 사는 사람만이 아니라 지나가는 구경꾼까지 모두 한 마디씩 합니다. 그야말로 말이 말을 만드는 것인데, 그 속에서 중심을 잡고 일을 끌고 나간다는 것이 보통 어려운 일이 아니라는 생각이 들었습니다.

현대 건축에서는 건축사, 시공사, 건축주를 3대 주체라고 하고, 여기에 이용자까지 더해서 4대 주체라고 합니다.

한옥은 온돌과 마루로 이루어진 집이다.
이전에는 누구도 그렇게 표현하지 못했고,
그 이후에도 그것을 대체할 만한
말을 만들지 못했습니다. 이 말만큼
한옥의 핵심을 정확하게 드러내는
말이 없는 것 같습니다.

전봉희 교수

선생님께서는 현대 건축에서 다루는 역할의 경계를 넘어서 일 전체를 이끌어 나가고 스스로의 영역을 찾아내신 것입니다. 지유의 역할이 얼마나 잘 진행되느냐에 따라 현장에서 일의 질에 굉장히 큰 차이가 납니다. 이 부분에서 선생님께서 새로운 지평을 여셨다고 생각합니다.

마지막으로, 제가 늘 닮고 싶었던 부분은 선생님의 말하는 능력과 글 쓰는 능력입니다. 선생님께서는 지금까지 굉장히 많은 글을 쓰셨는데, 선생님이 쓰신 책은 한국 건축사 분야에서 가장 많이 판매된 책 중의 하나입니다. 신영훈 선생님의 글이 지닌 가장 큰 장점은 내용은 물론이고 누구나 쉽게 읽을 수 있는 문체로 쓰신다는 점입니다. 숨이 굉장히 빠르게 넘어가는 독특한 문체로 원고지에 단번에 쓰세요. 저 같으면 처음에 거칠게 쓴 후에 단어도 바꿔 보면서 스무 번 넘게 교정을 하는데, 선생님께서는 원고지에 단번에 쭉 써내려 가시는 것 같습니다. 말씀도 그렇게 하십니다.

사실, 서울대학교에서 교수들 앞에서 강의한다는 것은 쉽지 않은 일입니다. 선생님께서 강연하시는 자리에 제가 여러 번 따라 다녔는데 상대를 가리지 않으십니다. 오늘은 굉장히 조용히 말씀하셨는데, 평소 같으면 혼내기도 하시고 청중을 휘어잡고 강연을 이끌어 나가십니다.

어려운 말을 쓰지 않고 쉬운 말로 깊이 있는 내용을 다루십니다. 그중 가장 대표적인 언설이 “한옥은 온돌과 마루로 이루어진 집이다."입니다. 한 문장밖에 안 되는 짧은 언설인데, 이전에는 누구도 한옥을 그렇게 표현하지 못했고, 그 이후에도 그것을 대체할 만한 말을 만들지 못했습니다. 누구나 한옥을 안다고 생각하지만 한마디로 정의하기는 어렵습니다. 그래서 저는 주저 없이 신영훈 선생님의 말을 따와서 저의 여러 학술 논문에 사용했습니다. 신영훈 선생님께서 학술 논문을 쓰지 않으시기 때문에 강연을 통해서만 이 말씀을 하셨고, 글로는 제가 들은 것보다 훨씬 뒤에 책에 쓰셨습니다. 그 말만큼 한옥에 대해서 핵심을 정확하게 드러내는 말이 없는 것 같습니다.

한옥 보급화에 관하여

토론자로서 저도 간단한 질문을 드리겠습니다. 김인걸 선생님의 두 번째 질문과 비슷한 질문이 될 것 같습니다. 선생님 말씀은 대개 한옥과 우리 건축에 대한 애정이 가득 담긴 말씀이어서 그 부분에 대해서 다른 언급을 하기가 참 힘듭니다. 그러나 현실 세계에서는 여러 가지 문제가 걸려 있습니다.

지난 정부부터 시작해서 이번 정부까지, 두 정부의 정책 가운데 유일하게 연속되는 정책이 한옥을 짓는 정책이라고 합니다. 지난 정권의 정책을 거부하는 경향 속에서도 한옥 관련 정책은 그대로 이어져서 국토부(현 국토교통부)에서 상당한 예산을 준비해 두고 있고 그 규모는 점점 더 커질 거라고 합니다.

구체적으로 다음 달에 의정부 민락 지구라는 1만 5천 세대나 되는 대규모 주택단지를 개발하면서 그 귀퉁이에 한옥단지를 개발할 예정이라고 합니다. 대한주택공사(현 한국토지주택공사)는 1962년에 새롭게 발족한 이후 40여 년에 이르는 동안 우리나라 아파트 문화를 이룬 일등공신이었습니다. 아파트라는 개념을 도입하고 전국적으로 보급하는 일을 했습니다. 이런 역할을 해온 대한주택공사가 방향을 틀어서 처음으로 약 2만 제곱미터 부지에 50호 정도의 한옥을 짓는 설계 공고를 낼 예정입니다.*

그 사업을 계획하면서 분양가를 어떻게 해야 할지를 따져봤는데, 엄밀하게 계산해 보니까 건설비는 큰 문제가 되지 않는다고 합니다. 지금 한옥을 지으려면 목재 비용과 인건비가 많이 들어서 1평(3.3058제곱미터)당 1천 5백만 원 한다고 하는데, 50호 정도 지으면 자재도 대량으로 구입할 수 있고, 부자재를 규격화해서 여러 명의 목수가 한 번에 작업을 하면 공사비를 훨씬 줄일 수 있습니다. 현재 아파트 공사비는 건설회사에서 비밀로 부치지만 대개 1평당 350만 원,

* 대대적인 '신(新)한옥 디자인 공모전'까지 개최했으나, 의정부 민락 2지구를 아파트와 50채 규모의 한옥이 한데 어우러진 택지개발지구로 조성하겠다는 사업은 수익성이 떨어진다는 이유로 현재 백지화된 상태다.

[한옥 붐 현상 관련 기사]

한옥이 되살아난다

전통체험 최고 히트상품 … 전주發 '한옥 바이러스' 확산

■ 지자체 한옥마을 붐

〈전주〉 '맛과 멋의 도시'로 유명한 전북 전주시 완산구 풍남동·교동 일대 한옥마을. 10여 년 전까지만 해도 방치됐던 이곳은 전주를 상징하는 최고의 관광자원으로 재탄생했다. 700여 채의 고풍스러운 한옥이 즐비하게 늘어선 이곳에는 평일에도 관광객들의 발길이 끊이지 않는다. 한옥마을에는 전통문화를 보고, 듣고, 맛보고, 몸으로 느낄 수 있는 다양한 콘텐츠가 풍부하기 때문이다. 은행나무길을 중심으로 조성된 동락원, 아서헌 등 9개 한옥 숙박시설은 한 달 전에 예약해야 방을 잡을 수 있을 정도로 인기가 절정이다. 전주 한옥마을의 대성공은 입소문을 타고 퍼져 나가면서 자치단체들이 벌이는 '한옥 되살리기' 사업의 기폭제가 됐다.

〈전남〉 전남도는 주민들의 건강, 농어촌 마을 경관 개선, 마을의 한식 호텔화를 위해 4년 전부터 한옥짓기 사업인 '행복마을 프로젝트'를 추진하고 있다. 도는 10가구 이상의 한옥 신축을 신청한 마을을 행복마을로 지정하고, 마을 공공시설 설치비 3억 원과 한옥 신축비 등을 지원한다. 도지사 공관은 목조한옥 팔작지붕 형태로 이루어져 있을 뿐 아니라 도지사 공관 주변에는 고급 전통가옥으로 이루어진 '한옥 비벌리힐스'가 조성된다.

〈경북·경기〉 전국 전통한옥의 40%를 보유한 경북지역은 전통한옥 체인망을 구성했다. 전국 어느 지역보다 전통한옥이 잘 보존된 경북은 경주 교촌 한옥마을 등을 한옥전통문화체험단지로 육성한다는 전략이다. 하지만 도는 관광객 증가에도 불구하고 한옥 체험 시설 지원사업에 어려움을 겪고 있다. 한정된 예산으로 이들 시설에 대한 화장실 등 각종 시설 개·보수가 원활치 못하기 때문이다. 게다가 상당수의 전통한옥이 국가 또는 지정 문화재여서 개·보수 시 현상변경 허가를 받아야 하는 등 어려움이 뒤따르고 있다. 한국토지주택공사는 2012년 입주가 시작되는 화성 동탄2신도시에 한옥마을을 조성한다. 신도시내 신주거문화타운에 들어설 한옥마을은 한국적 자연과 어우러지는 전원마을로 꾸며질 예정이다.

〈서울〉 서울시는 한옥 보존을 위한 강력한 정책을 잇달아 내놓고 있다. 시는 지난달 종로구 가회동·삼청동·안국동 일대 112만 8,372제곱미터에 대한 '북촌 지구단위계획'을 수정가결했다. 경복궁과 창덕궁 사이의 이 지역을 14개 구역으로 나눠 구역별 특색에 맞는 보존 방안을 추진하도록 했다. 특히 가회동 11번지, 31번지 일대의 '북촌 1구역'에서는 한옥만 신축할 수 있게 된다. 시 관계자는 "서울을 대표하는 한옥마을인 북촌 일대의 경관을 유지하고, 한옥을 체계적으로 관리할 계획"이라고 밝혔다. 종로구 역시 북촌 한옥마을 홈스테이를 관광자원으로 개발하기로 하고 적극 지원할 방침이다.

■ 문제점은 없나

한옥 붐은 눈길을 끄는 사업이지만 자칫 붕어빵 같은 판박이 한옥마을을 확산시키는 데 그칠 것이라는 지적도 일고 있다. 전국 9개 자치단체에서 저마다 한옥건립사업을 추진하고 있지만 사업 내용이 대부분 유사하기 때문이다. 이로 인해 전주시는 제2한옥마을을 조성하려던 계획을 일단 백지화했다. 전남 행복마을 조성도 주민들 사이에 갈등을 빚고 있다. 심사에서 탈락하거나, 한옥을 짓고 싶어도 자체 부담해야 할 3,000만~5,000만 원을 마련하기 힘든 주민들에게는 '그림의 떡'이기 때문이다. 경제성이 떨어져 사업계획이 취소되기도 했다. 수원 광교신도시를 조성하고 있는 경기도와 경기도시공사는 최근 신도시내 한옥마을 추진계획을 백지화했다. 건축비는 일반 아파트보다 비싸면서도 분양이 쉽지 않을 것이란 타당성 조사가 나왔기 때문이다. (전주 임송학 기자 shlim@seoul.co.kr)

(서울신문, 2010년 2월 4일자에서 정리)

좀 더 고급일 경우 4백만 원 정도 합니다. 한옥의 경우는 5백만 원에서 6백만 원까지 줄일 수 있다고 합니다.

게다가 한옥 30평(99제곱미터)은 아파트로 치면 40평(132제곱미터) 내지 50평(165제곱미터)의 효과가 있습니다. 한옥은 지붕 밑 다락과 같이 숨어 있는 공간이 많아서 같은 면적의 아파트보다 훨씬 큽니다. 그렇기 때문에 건설 단가에서 아무 문제가 되지 않는데, 역시 발목을 붙잡는 것은 땅값입니다.

2층까지 고려하는데도 불구하고 의정부 인근 지역에 한옥과 비슷한 효과를 누릴 수 있는 내부 공간을 가지고 있는 비슷한 평형대의 아파트 시세와 비교하면 분양가가 3배 정도 됩니다. 30평 정도의 아파트가 3억이면 한옥은 8억 원 정도의 분양가가 나와서 이 분양가를 어떻게 끌고 갈 것인가가 문제입니다. 대한주택공사가 2억 원 정도 손해보고 분양가를 6억 원에 맞추자는 주장도 있고, 그렇게까지 손해를 볼 수 없다는 주장도 있는 상태입니다.

한옥을 좀 더 대중화하고 보급할 필요가 시급한 상황인데, 이것이 개인주택으로 가는 것이 옳은지 아니면 좀 더 공공적 성격을 갖는 것이 좋은지, 그리고 똑같은 모양일 필요는 없고 시대에 따라 달라질 수 있다는 주장을 계속 해오셨는데, 선생님께서 평소에 생각하시던 한옥의 보급을 활성화하기 위한 미래상에 대한 가르침을 주셨으면 합니다.

● 신영훈: 어려운 질문만 주시네요. 세태가 워낙 자주 바뀌니까 시대에 따라 선호하는 집의 형태가 달라지는데, 삶을 유지해 나가기 위해서는 우선 먹고 자고, 아이들을 키워야 하죠. 그런 공간이 탈 없이 구조화되었으면 하는 것 아니겠어요? 그런데 공사에 제약이 있다든지 공사비에 한계가 있다든지 여러 여건이 뒤따라오기 때문에 마음대로 안 되는 거겠죠. 그 여건을 국가에서 보완해 주는 방법이 있을 거예요. 우리 문화인들이 힘을 합해서 국가가 정책적인 방법을 강화하고 우리 국민이 사는 집의 방향을 제시하고 그것을 합리적으로 운영할 수 있도록 노력하면 개인이 혼자 애쓰는 것보다 훨씬 수월하겠죠.

그런 측면에서 보면, 꼭 아파트를 지어서 장사하는 사람들 위주로 주거 형태를 구성할 필요가 있겠는가 하는 점을 생각해 볼 필요가 있어요. 이 시대에 내 집을 짓고 사는 방법을 강구하는 노력을 학계에서라도 시작하면 어떨까 합니다. 지식인들이 그런 노력을 하면서 국민에게 공감을 얻고, 그 공감대를 구현하기 위해서 한옥 시대가 다시 발전한다면 이 땅과 이 시대에 걸맞은 건축 시대가 오지 않겠느냐 하는 말씀을 드리고 싶었던 것입니다.

● 이우일: 마지막으로 피터 바돌로뮤 선생님께서 말씀해 주시겠습니다.

●신영훈: 들을 만하셨습니까?

●피터 바돌로뮤(IRC 리미티드 부사장): 네. 솔직히 말하면, 강연을 들으면서 가슴이 떨렸습니다. 제가 한국에 1967년 말에 왔는데 당시에 강원도의 주문진과 강릉에 살았습니다. 마지막에 보여 주신 최근의 초가집들이 당시에는 대한민국 주택의 98퍼센트나 되었어요. 젊은 분들은 잘 모르시겠지만, 당시에는 기와집에 살면 부자라고 여겼어요. 1968년에 주문진에서 살 때, 하루는 어떤 아저씨와 술을 마시고 집에 가는데 어느 초가집 앞에 그 분이 멈춰 서서 "야, 이거 봐, 이거 봐!"라고 하세요. 그래서 보니까 초가집 앞에 전구가 켜져 있었어요. "왜 그러세요?"라고 물었더니, "돈 벌었잖아!"라고 하세요. 전기가 들어오니까 돈을 벌었다는 의미였어요. 당시에는 거의 모두가 촛불 켜고 살았으니까.

그 후에 강릉으로 옮겨서 아흔아홉 칸 한옥인 선교장船橋莊에서 살았는데, 저와 함께 살던 할머니는 1889년에 태어나신 분이셨고 당시에는 전기도 들어와 있지 않았어요. 제 친구는 아직도 저한테 "거의 마지막으로 조선 시대에 살았던 사람이 바로 너야."라고 말하곤 합니다. 그 할머니 덕분에 우리나라에서 가장 높게 설계된 실내장식이 고스란히 남아 있는 한옥에서 생활했습니다. 그 집에 있는 컵, 그릇, 화로 등 모두가 조선 시대 것이었어요. 거기에서 살면서 한옥에 대해서 많이 배웠습니다.

옛날 건축의 가치

제가 배우고 싶었던 것들을 오늘 신 선생님으로부터 많이 배웠습니다. 어느 나라든지 건축은 그 나라의 국민성을 보여 주는 대표적인 것입니다. 그 나라의 국민성과 옷, 맛, 철학, 미술 등은 건축을 통해서 해석할 수 있습니다. 옛날 건축에는 그 나라의 생활풍습, 남녀관계, 경제, 기술, 예술 등이 모두 녹아 있습니다. 그렇기 때문에 한옥은 무엇보다도 중요한 대한민국의 문화유산입니다. 김홍도의 그림만큼이나 중요한데, 한국 사람들은 그렇게 생각하지 않는 것 같습니다.

유럽에서는 주택가의 아무리 자그마한 초가집이라도 철거하지 않습니다. 이에 반해 한국 사람들은 한옥에서 불편해서 어떻게 사느냐고 해요. 그래서 제가 "불편하면 모양은 그대로 놔두고 내부를 고치면 됩니다."라고 하면, "바보 같은 사람, 오래된 집에 뭐하러 투자를 해?"라고 합니다. (청중 웃음)

30년 전에 어떤 할머니께서 저에게 한국 주택과 중국 주택을 비교하는 얘기를 해주셨어요. 중국 부자가 지은 집은 보는 사람한테 이렇게 말을 한다는 겁니다. "무서워 해라! 나는 크다. 나는 돈 많다. 나는 너보다 끝발 세다!" (청중 웃음) 반면에 한옥은 "나는 편안하니 들어와서 편히 쉬고 좋은 마음으로 가십시오."라고 말하는 것처럼 정이 가는 건축입니다.

지금까지 한국에서 40년 넘게 살았는데, 저는 한국인들이 정이 가는 사람들이라고 생각합니다. 한국 사람들을 닮아서 건축도 정이 가는 것입니다. 게다가 한옥은 역대 환경과 호환성도 좋을 뿐만 아니라 건물의 규격 비율도 딱 맞게 되어 있는 설계의 마술입니다. 기둥, 하방, 상방, 대들보 등 각 부품의 규격까지 모든 것들의 균형을 깊이 고려해서, 위에서 아래로 시야가 흘러 내려오도록 부드럽게 설계되어 있습니다. 앉아 있는 사람의 시야 안에서 흉하지 않게 고려한 것입니다. 이것이 한국 건축의 특징인데 사람들이 너무 가볍게 보고 있는 것 아닌가 합니다.

한옥의 보존에 대하여

오늘 제가 묻고 싶은 것은 한옥의 '보존' 문제입니다. 지난 백 년 동안 조선왕조는 건축과 문화유산에서 세계 역사상 가장 큰 피해를 입은 나라입니다. 서울에 있는 궁의 98퍼센트가 없어졌고, 지방 관아 350군데와 성내의 궁전만큼 큰 건물의 99.9퍼센트가 없어졌습니다. 이렇게 대규모의 피해를 본 나라입니다. 남은 것이 뭐가 있나요? 바로 불교의 사찰과 한옥입니다.

한옥은 40년 전에 대한민국에 80만 동이 있었습니다. 그런데 지금은 서울에 1만 동이 있을 뿐인데, 시청에서 추진하는 재개발 덕분에 그것마저 반으로 줄어들고 있습니다. 앞에서 많은 비용을 들이지 않고 한옥을 새로 지을 수 있다는 말씀을 하셨는데, 저는 반대입니다. 남아 있는 몇천 가구를 제발 사셨으면 합니다. 현재 있는 한옥을 철거하고 새로 짓는 것보다 비싸지 않고 모양이 변하지 않게 리모델링할 수 있습니다.

북촌에서 한옥을 보존할 때 원형을 거의 다 내버리고 새로 짓는 것은 너무나 안타까운 일이라고 생각합니다. 서양 사람들이 생각하기에 건물 보존에서 가장 중요한 것은 당시의 그 주춧돌과 그 나무 위에, 당시의 그 지방 그 위치 위에 그 나무, 그 규격으로 가져다 놓는 것입니다. 이것들을 뜯어다가 몇 가지 부품을 섞어서 새로 짓는 것은 문화적인 가치가 없다고 생각합니다. 북촌에서 이루어지고 있는 한옥 보존 방식에 대해서 신 선생님께서는 어떻게 생각하시는지 듣고 싶습니다.

저는 한옥 보존 문제에 대해 상당히 걱정스럽게 생각하고 있습니다. 한국은 그동안 너무나 많은 피해를 본 나라인데, 현재 몇 가지 남지 않은 것들마저 원래 모양을 잃어 가

한국은 그동안 너무나 많은
피해를 본 나라인데, 현재 몇 가지 남지 않은
것들마저 원래의 모양을 잃어 가고 있습니다.
개발과 철거와 유행 속에 휩쓸려 온
한옥을 앞으로 어떻게 보존해야 하느냐가
대단히 중요한 문제입니다.

피터 바돌로뮤

고 있습니다. 갑창문*이라는 것이 어떤 것인지도 사람들이 잘 몰라요. 어떤 건축가는 저보고 갑창문이 일본 것이라고 해요. 일본 미닫이문 위에 있는 거래요. 사람들이 이런 말을 하는 것은 한국의 교육에 문제가 있는 탓입니다. 대한민국 국민들이 이전에 무엇이 존재했는지도 모르고, 그 위에 어떤 문화가 있었는지 잘 몰라요.

한옥을 지을 때에는 풍수도 생각해야 하고, 용마루 좌우의 각도 고려해야 하고, 마루와 그 규격의 비율도 맞추어야 합니다. 게다가 현판도 새겨야 하고, 미닫이문이 높은 집 주인은 한문을 주고 그 모양을 따라 문살 모양을 만들게 했어요. 이처럼 문학, 건축, 실내장식, 철학, 고미술 등이 서로 교차하면서 대단히 깊은 철학하에서 만들어진 것이 한옥입니다. 교육이 없으니까 한옥이 불편한 것이고 문화적 가치가 없다는 생각에서, 일제강점기 때 일본 때문에 피해를 봤다가, 6.25 때 피해를 봤다가, 그 이후에는 재개발 때문에 주인이 알아서 철거하고 있는 것입니다. 사실은 초가집이라 하더라도 하꼬방과 같은 초가집도 많았지만 잘 지은 한옥만큼이나 잘 지어진 초가집도 많았어요. 저는 강릉에서 그런 초가집들을 많이 봤습니다.

요즘 한옥을 많이 다시 짓는 것에 대해서는 정말 박

* 한지를 문 안팎으로 두껍게 발라 미닫이문 안쪽에 덧끼워 다는 문을 말한다.

강화도에 지어진 학사재의 전경과 내부 모습

수를 보냅니다. 하지만 아이러니한 것은 한옥 붐으로 인해서 더 이상 한옥을 살 수가 없다는 거예요. 북촌의 한옥은 너무 비싸거나 이미 다 팔려서 못 사고, 다른 곳은 다 재개발이어서 철거가 될 테니 사면 뭐하겠습니까? 그러면서 지방에서는 한옥을 새로 많이 짓고 있어요. 한국 사회에서 한옥은 개발과 철거와 유행 속에서 이쪽저쪽으로 떠밀려 왔습니다. 참 복잡한 사회입니다. 한옥의 보존 문제를 앞으로 어떻게 풀어나가야 할지에 대해 선생님의 의견을 듣고 싶습니다.

●신영훈: 얼마 전에 강화에다 한옥을 다시 지었는데, 그 집 아들딸들이 혼인식을 하러 왔어요. 그런데 신랑은 자기 선조가 지은 집이니까 알지만, 며느리 될 사람은 그런 것이 있는지도 모르고 와서, 거기서 하룻밤 자면서 대청에서 혼인식을 올렸어요. 그런데 미국에 안 가겠다고 했대요. 왜 그러냐고 물었더니, "대청이 이렇게 넓고 방이 이렇게 시원한데 외국 가서 살면 답답할 테니 여기서 살겠다."고 하더랍니다.

얼마 전까지 격이 떨어진다고 한옥을 헐어 버리던 시절이 있었어요. 그때 우리가 서울 시내에 있던 집들을 다 헐어 버린 사람들에게 그 이유를 물었더니, "그때는 그걸 헐어야 또 새로 지으니까. 경제적으로……"라고 해요. 그러니까 문화적인 측면에서 한옥을 헐은 것이 아니라 경제개발을 하기 위해 한옥을 헐었다는 것입니다. 그럼 그게 핑계인지, 시대성인지 하는 문제가 나올 거예요.

한 백 년 후에 한국 건축의 역사를 쓰는 사람들이 우리가 겪어 온 이 시대에 대해서 뭐라고 쓸지 모르겠지만, 어쨌든 지금 말씀하신 대로 이 시대에는 철학이 반영되어 있는 집을 짓고 있는 것은 아닙니다. 집장사가 집을 짓고 있지요. 그 사람들이 아파트촌만을 짓고 있어요. 아파트촌이 좋다고 야단하더니, 아토피 걸린 아이들이 늘어나니깐 아파트에 살지 않겠다는 사람들도 늘고 있지요. 그런 것을 보면 과도기라는 생각이 듭니다.

집이라는 것도 과도기를 겪어야 하는 것이죠. 지금 우리가 양복을 입고 양식을 먹는 시대인 이 과도기를 어떻게 슬기롭게 지나갈 것인가가 문제입니다. (피터 바돌로뮤 선생님께서) 조언을 잘 좀 해 주십시오. 우리 한국 사람들 가운데는 한국 사람이 말하면 안 듣는 경우가 많습니다. (청중 웃음) 선생님이 이야기하면 잘 들을 거예요. 부탁드리니까 잘 조언해 주십시오.

● 이우일: 시간이 벌써 세 시간이 다 되었습니다. 아쉽지만 시간관계상 청중과의 대화는 진행하지 못할 것 같습니다. 힘드셨을 텐데 오랫동안 열심히 강연해 주시고 토론해 주셔서 감

사드립니다. 이런 모든 노력이 우리 전통 건축에 대한 애정이라고 생각합니다. 청중 여러분들을 비롯해서 강연해 주신 신영훈 선생님과 패널 세 분께 진심으로 감사드립니다.

● 신영훈: 마지막으로 제가 인사를 해도 될까요? 오늘 와서 들으신 만큼 복 받으시기 바랍니다. 감사합니다. (청중 박수)

21세기형 한옥을 개발, 보급하기 위한 한옥전문인력 교육기관

지용한옥학교

지용한옥학교는 (주)한옥과문화 부설 평생교육시설로, 우리의 집이 갖는 문화와 전통기술을 교육하는 한옥전문인력 교육기관이다. 신영훈 선생과 신지용 한옥문화 대표는 2009년 강원도 홍천군 북방면 옛 구만분교에 폐교를 개조해 강의실과 숙소, 치목 실습장, 나무 적재장 등을 설치하고, 체계적인 교육과정을 통해 실기와 이론을 겸비한 전문가로 거듭날 수 있도록 교육하고 있다. 각계의 한옥 전문가와 이 시대의 장인들로 구성된 강사진을 통해 이론과 실무를 겸비한 전문 인재 양성에 힘을 쏟고 있다.

이 시대의 한옥을 짓는 장인을 양성하는 〈전문목수과정〉, 전통 건축에 대한 구조와 건축기술을 체험하는 〈전통건축체험과정〉, 일반인을 대상으로 전통문화에 대한 이해를 제고하는 〈교양과정〉 등을 운영하고 있다. 또한 주말반, 기업체 연수, 한옥설계캠프를 통해 일반인들이 한옥과 전통문화를 체험할 수 있는 기회를 넓히고 있다.

신지용 대표는 "자연과 사람이 소통하는 친환경 주택인 한옥의 우수성을 계승·발전시키기 위해 한옥이 가진 장단점을 연구분석하고, 정량화사업 등의 기술 개발을 통해 21세기에 적합한 한옥을 개발하고 보급하기 위해 노력하고 있다."고 말한다.

www.hanokedu.com

MELLON
COLLIE AND INFINITE SADNESS

신영훈

한국의 살림집 한옥

펴낸곳	서울대학교출판문화원
펴낸이	오연천
강연자	신영훈

기획	서울대학교 관악초청강연 운영위원회
운영위원	곽수근 (위원장) 최우정, 조영달, 정철영, 정근식, 여정성, 신희택, 박영준, 김인규, 김인걸, 허남진, 이일하
기획간사	백미숙
진행	채석진

초판1쇄 인쇄	2014년 2월 25일
초판1쇄 발행	2014년 2월 28일
출판등록	제15-3호
주소	151-742 서울 관악구 관악로 1
연락처	대표전화 02-880-5252 팩스 02-888-4148 마케팅팀(주문상담) 02-889-4424, 02-880-7995
이메일	snubook@snu.ac.kr
홈페이지	www.snupress.com
영문홈페이지	eng.snupress.com

© 신영훈· 서울대학교기초교육원장 허남진 2014

이 책은 2009년 10월에 있었던 서울대학교 〈관악초청강연〉을 바탕으로 정리되었습니다.

ISBN 978-89-521-1155-5 04040
978-89-521-1152-4 (세트)